Cees Nooteboom
Simone Sassen

Endlose Kreise
Reisen in Japan

Cees Nooteboom

Endlose Kreise

Reisen in Japan

Mit 20 Fotografien von Simone Sassen

Aus dem Niederländischen von
Helga van Beuningen

Schirmer/Mosel Literatur

Quellennachweis

Neun Texte stammen aus Cees Nooteboom, *Gesammelte Werke*, Suhrkamp Verlag, Frankfurt am Main, Band 6 (2004) und Band 8 (2006): »Der Geburtstag des Kaisers, das Pathos der Dinge und andere japanische Erfahrungen«, Bd. 6; »Zuihitsu«, Bd. 6; »Kalter Berg«, Bd. 6; »Endlose Kreise«, Bd. 6; »Reise in die Stille«, Bd. 6; »Das Atelier des Nordens, Hokusai in Paris«, Bd. 8; »Der Schemen Nyogos«, Bd. 8; »Das Rätsel im Spiegel. Ian Burumas Abenteuer im Wunderland«, Bd. 8; »Rote Pflaumenblüte, Gelb von Lauchschösslingen. Die japanische Besetzung Belgiens« (leicht gekürzte Fassung), Bd. 8. Der Abdruck erfolgt mit freundlicher Genehmigung des Suhrkamp Verlags.
»Die Geschichte vom Prinzen Genji« stammt aus dem Prolog zu Cees Nooteboom, *Saigoku. Auf Japans Pilgerweg der 33 Tempel*, Schirmer/Mosel Verlag, München (2013).

Gestaltung: Regine Kaiser
Lithographie: Bayermedia, München
Printed by GPS Group in Europe

ISBN 978-3-8296-0916-6

Eine Schirmer/Mosel Produktion
www.schirmer-mosel.com

Inhalt

Der Geburtstag des Kaisers, das Pathos der Dinge und andere japanische Erfahrungen

I

WORAUS BESTEHT DAS BILD eines Landes? Ich habe mich auf den Boden des Flugzeugs gelegt, das nun schon seit fast zwanzig Stunden auf der Polroute Richtung Japan fliegt. Rings um mich herum schlafende Füße. Ich habe ein kleines Kissen unter meinem Kopf und eine blaue Decke auf mir, und ich kann nicht schlafen. Seltsamerweise kehrt immer wieder ein bestimmtes Bild zurück: ein Foto, das kurz nach dem Krieg – ich war damals etwa zwölf – großen Eindruck auf mich gemacht hatte. Ein australischer Kriegsgefangener in einer idiotischen langen englischen Kolonialkhakihose sitzt auf einem Stuhl oder Baumstumpf, das weiß ich nicht mehr. Man hat ihm die Augen verbunden, sein blondes Haar weht etwas hoch im Wind. Seine Hände sind mit einem Strick gefesselt. Hinter ihm steht ein Japaner. Er trägt ein Käppi, eine schwarze Hose und Stiefel und ein weißes kurzärmeliges Hemd. In beiden Händen hält er, hoch erhoben, ein großes Schwert, ungefähr so, wie ein Golfspieler den Schläger in der höchsten Position hält. Den Bruchteil einer Sekunde später wird er zuschlagen, dann wird das Schwert den Hals des Australiers mit einem Schlag durchtrennen, der Kopf wird herabsausen, Blut wird aus dem jetzt noch unversehrten Hals schießen, der Körper mit den gefesselten Händen wird zur Seite kippen. Das ist, wie auch immer, das älteste Bild, das ich von »Japan« habe. Dreißig Jahre Leben und Lesen haben dieses Bild auf verschiedenerlei Art korrigiert, erklärt, nuanciert – aber jetzt, da ich in einer Stunde selbst in Japan sein werde, taucht es unwiderstehlich wieder auf, ein leichtes Gefühl von Angst, gemischt mit Müdigkeit. Ich sehe Bilder von Millionen Menschen in U-Bahnen und Zügen, doch diese Bilder werden wieder gemildert durch Gärten, Tempel und Blumengestecke. *Apprehension* beschreibt die Empfindungen vielleicht noch am besten, denen ich mich jetzt ausgeliefert sehe. Die Frage, die mich beschäftigt, heißt: Wie »anders« ist Japan? In den letzten Jahren habe ich Romane von Tanizaki, Kawabata, Kenzaburo Oe, Mishima gelesen, die mir nicht das Gefühl vermittelten, das »Andere« Japans sei ein anderes »Ander« als beispielsweise das Brasiliens. Eine bestimmte Exotik gesellschaftlicher und religiöser Bräuche, andere Pflanzen, anderes Wetter, aber andere *Menschen*? Die Romane thematisieren Empfindungen und Probleme, die mir nicht wirklich fremd sind; wenn ich die Exotik abziehe oder durch eine andere ersetze, bleibt nichts, das ich nicht verstehen würde. Aber werde ich das auch ohne den Kontext der Bücher wiedererkennen? Während ich so daliege und denke, kommt unbändiger Neid in mir auf. Warum muss ich wie ein mit Vorurteilen und Informationen gefülltes Gefäß reisen, warum kann man nie irgendwohin fahren, wovon man überhaupt nichts weiß, wie zum Beispiel Pizarro ins Reich der Inka oder die ersten Europäer nach Japan? Nichts vom Bruttosozialprodukt wissen, nie einen japanischen Film gesehen haben, Hiroshima, Zen, Kabuki, Sumo, Kaiseki, Sony, Samurai, Harakiri, Ikebana – klangvolle Wörter ohne irgendeine Bedeutung. Was ich mache, kann man kaum noch als Reisen bezeichnen, da wird nichts mehr entdeckt, sondern es wird geprüft, kontrolliert, bestritten und bestätigt, Bilder und Vorstellungen werden an der »Wirklichkeit« gemessen, was ich letztlich tun werde, ist, nachzuschauen, ob es Japan überhaupt gibt, so als würde ein Zuschauer im Kino in die Leinwand steigen, um sich zu den Hauptfiguren an den Tisch zu setzen.

Eine japanische Mädchenstimme murmelt durch die Bordsprechanlage, die Füße um mich herum werden wach, die Lichter gehen an, der Run auf die Toiletten setzt ein. Männer, die schon gleich beim Abflug in Schiphol drei Sitze auf einmal in Beschlag genommen hatten, um gut schlafen zu können, sitzen jetzt da und rasieren sich mit der Miene von Menschen, die genau das Entgegengesetzte von dem tun, was ich tue: Sie kommen nach Hause, sie lassen die fremde, feindselige, nichtjapanische Welt hinter sich, *mission completed*, der Größe der japanischen Nation wieder ein Gramm hinzugefügt, sie ordnen sich lautlos in das große Gesellschaftsspiel ein, zu dem sie gehören. Heute abend, so stelle ich mir vor, sitzen sie in der schützenden Undurchdringbarkeit ihrer Häuser, verneigen sich vor ihren Frauen und spülen die unangenehme Fremdheit der nichtjapanischen Welt mit Sake hinunter. Sie starren, genau wie ich, aus den Fenstern des Flugzeugs auf das galaktische Lichtergewimmel von Tokio, schaukeln sacht in der Umarmung einiger grauwollener Wolken, und dann nehmen wir Erde. Das ist der spanische Ausdruck für Landen, und er gibt die dazugehörige Erleichterung etwas besser wieder als das simple Wort Landen. Sofort ist das erste, unvergessliche Bild von Masse da: Links und rechts von unserem Flugzeug steht eine endlose Reihe anderer Flugzeuge, fast als stünden sie Spalier. Das kornblumenblaue KLM-Emblem schiebt sich zwischen die klatschmohnroten Embleme der JAL. Selten bin ich irgendwo so effizient angekommen. Eine

Horde kleiner Busse steht bereit, in jedem ein japanisches Mädchen, wie ein Seufzer werden wir zum Hauptgebäude abtransportiert.

Von dieser Ankunft weiß ich nicht mehr viel. Das Registriergerät nimmt etwas dösig sechsspurige Straßen, Autobahnkreuze, Häusermassen zur Kenntnis und überall diese Zeichen, die ich nicht lesen kann, richtig beruhigend. Das Hotel ist weit entfernt und groß, auch hier erfolgt die Abfertigung blitzschnell. Weil ich nach einer solchen Reise nie gleich ins Bett kann, wandere ich noch durch das Gebäude und lande in einem eisblauen Raum, in dem eine Band spielt. An die Wände ist ganz Hawaii projiziert, kaum bin ich in Japan, da bin ich schon wieder woanders. Die Sängerin singt ein dramatisches westliches Lied auf japanisch, aber irgendwie ist sie zu klein für die großen Emotionen, die sie zu Gehör bringt. Erst nach einer Weile geht mir auf, dass sie *My Way* singt, aber es behält etwas merkwürdig Unechtes, so als hätte jemand eine laute Kassette in diesen zierlichen Minikörper geschoben. Mit dem vom Neonlicht giftig violett verfärbten Alkohol in meinem Glas steigert sich der Wahnsinn noch: Da steht also eine ganz kleine Frau, die ganz laut singt, vor mir an einem Tisch, der gleichzeitig in Hawaii und in Tokio steht. Dann doch lieber ins Freie. Kühle Frühlingsluft. Getrimmte Bäume. Winkende Reklamen. Ein Junge, der mir guten Tag sagt. Ein Bahnhof in der Ferne. Hunderttausende von Autos. Ich gehe ein wenig herum, sehe aber gleichzeitig verwirrende Flashbacks: Ich ziehe die Tür meines Hauses in Amsterdam hinter mir zu, ich fahre nach Schiphol, ich kaufe eine Zeitung in Anchorage, ich esse japanisch im Flugzeug. In irgendeiner Zeitrechnung ist es jetzt sieben Uhr abends, und ich gehe zu Bett.

Der erste Tag nach einer solchen Ankunft ist immer ganz merkwürdig. Es ist sehr ruhig in meinem Zimmer, und das Zimmer selbst ist leicht beige, schmucklos. Einen Augenblick lang hoffe ich, dass dies nun endlich das Jenseits ist, aber weit gefehlt: Ein leises Rascheln an der Tür, und ich sehe, wie eine Zeitung langsam hereingeschoben wird, die *Mainichi Daily News*. Der Wirtschaftsrat fordert höhere Beiträge zur Sozialversicherung. Dies ist entschieden nicht das Jenseits. Ich gehe zum Fenster und schiebe die Vorhänge zurück. Ist das Smog oder einfach nur schlechtes Wetter? Unter einem Groninger Himmel liegt eine ununterbrochene Reihe von Stadtschaften, Häusern, Fabriken, Bahnlinien bis zum verschwommenen Horizont. Ich sehe fünf Züge gleichzeitig fahren. Hinter den Fenstern schaukelt Menschenfleisch auf dem Weg zu sinnvoller Arbeit. Das Universum dreht sich, alles stimmt. Ich schalte den Fernseher ein. Eine Gruppe von Teenagern mit frischgepflückten Pfirsichgesichtern zeigt einen Steptanz. Sie haben ein grässliches amerikanisches Lächeln aufgesetzt, aber abgesehen davon sind sie sehr hübsch. Ich schalte nun nacheinander alle dreizehn Kanäle ein. Eine weinende Frau im Kimono. Ein Mann, der mit dem Finger auf mich zeigt und etwas sagt, was ich nicht verstehe. Eine Gruppe von Menschen an einem Tisch, die über eine provozierend gelbe Grapefruit sprechen und sie danach aufessen. Ein Cowboy, der in der Wüste von Nevada einen anderen Cowboy zusammenschlägt und dazu japanische Verwünschungen ausstößt. Jetzt bin ich reif für die wirkliche Welt und gehe hinunter. In einer Ecke der Eingangshalle ist ein Garten eingerichtet, in dem drei grazile Mädchen im Kimono Tee servieren. Allmählich nimmt die Sache Gestalt an. Eine trippelt auf mich zu, man könnte meinen, sie bewegt sich auf einer unsichtbaren Schiene. Knapp vor mir verneigt sie sich leicht und stößt silberne Laute aus. Danach gießt sie mir Tee ein. Ich entbrenne in tiefer, unglücklicher Liebe zu ihr und zugleich zu ganz Japan. Es lässt sich nicht mehr ändern, es war im Nu passiert, beim unsinnigsten Klischee, das sich denken lässt: Die weißen Puppenhändchen mit den lackierten Nägeln, der rosige, unverletzbare lilienblattartige Samtschimmer ihrer Haut, in die der große Steinsetzer zwei Augen gesetzt hat, in denen man bis zur Erschaffung der Welt zurückblicken kann, ohne etwas zu sehen, ich sitze auf meinem Stuhl wie ein Tourist, unheilbar entflammt und von einer nicht mehr zu löschenden Euphorie erfasst, und gleichzeitig habe ich das Gefühl, unsichtbar geworden zu sein. Sie gießt mir zwar Tee ein, aber sieht sie mich auch? Dieses Gefühl bleibt mir die ganze Reise hindurch, auf der Straße, in Restaurants, Zügen, U-Bahnen. Meine Fahrkarten werden geknipst, mein Essen wird gebracht, ich bin da, auf mich wird reagiert, und dennoch bin ich irgendwie unsichtbar und existiere nicht wirklich. Ich habe mich gefragt, woher das kommen mag. Es ist natürlich Unsinn, eine literarische Anwandlung, aber woher kommt sie? Das »japanische« Wort für Fremder ist »outside person«, damit muss es etwas zu tun haben, jemand, dessen Sichtbarkeit registriert wird, der aber dennoch ein Fremdkörper ist, und zwar im wahrsten Sinne des Wortes. Man bedient ihn, man behandelt ihn höflich, lässt ihn aber nicht in die innerste Form des Schauens ein, die, mit der man Menschen wirklich sieht. Wie dem auch sei, ich sage es vielleicht besser gleich zu Beginn, es gab mir dies während der gesamten Reise ein Gefühl der Ausgelassenheit, fast so, als würde ich schweben, und auch eine leichte Form von Debilität. Jeder erwartet von einem, dass man Tokio grässlich findet, doch davon war keine Rede. Ich fand Tokio wunderbar, diese barbarische Anhäufung von Gebäuden, die nirgendwo aufhört, der ganze Großstadtgraus, der wahnwitzige, grünauffressende Baukrebs, durch den sich der Verkehr in hundert Formen hindurchkämpft, die massive Ballung vorstadtähnlicher Vulgarität; alles, was mein Ich mir befiehlt, hässlich zu finden, trug zu dieser Ausgelassenheit bei, denn die vernichtende Hässlichkeit wird immer wieder durch kleine Formen von Schönheit unterbrochen, immer wieder erlebt man kleine Wonnen: die Anmut der Menschen, die Art und Weise, wie verschiedene Fische im Schaufenster eines Restaurants dekoriert sind, kleine Gegenstände auf einem Schreibtisch, Püppchen in einem Kaufhaus, Zeichen auf einem Kalender, die geballte Rührung über eine winzige Pflanze, die vollkommene Ästhetik eines in Seetang und Reis eingewickelten Stücks rohen Thunfischs, all das kleine Schöne, welches das große Hässliche besiegt und auslöscht. Während die naturalistische Kamera mich in einer Stadtlandschaft großer Verwilderung registriert, sieht die innere Kamera jemanden durch Täler großer Schönheit schweben. Das stimmt also nicht, aber daran lässt sich nichts ändern.

Nach einigen Tagen habe ich bereits eine ganz ordentliche Routine entwickelt. Morgens lese ich die *Mainichi Daily News,* als wäre es *de Volkskrant.* Das ist eine gute Ortswechsel-Übung, denn plötzlich befindet sich das Zentrum der Welt nicht mehr in der EWG, sondern auf ein paar Inseln, die jemand wie eine verzweifelte Garnele an das mammutartige Festland Chinas und der

Sowjetunion geschleudert hat. Dass diese paar Inseln die drittgrößte Wirtschaftsmacht der Erde sind, wird erst dann so richtig verrückt, wenn man sich ihre pathetische Kleinheit im Verhältnis zum restlichen Asien vor Augen hält. Als nächstes sehe ich mir die Nachrichten auf englisch an, die von einem amerikanischen Gastarbeiter frohgemut verlesen werden. Danach Tee bei den Engeln im Kimono oder manchmal ein japanisches Frühstück mit rohem Fisch, süßen Pflaumen und schwarzen Bohnen, ein Schlag unter die Gürtellinie. Die Preise in diesem internationalen Hotel geben einem den Rest. Ich esse daher meist in kleinen japanischen Restaurants im Zentrum. Nach dem Frühstück fahre ich in die Stadt. Ich weiß inzwischen, von welchem Bahnsteig die grüne Linie zum Bahnhof Yurakucho abfährt, ich weiß, wie ich mein Geld in das Gesellschaftsspiel an der Wand einwerfen muss und dass ich warten muss, bis das Wechselgeld herausklimpert, ich weiß, dass ich mich dort anstellen muss, wo es auf dem Boden angezeichnet ist, denn dort hält unfehlbar die Tür, ich weiß, dass ich mich, weich wie Sojabohnenkuchen, von weißbehandschuhten Herren zwischen das andere Fleisch in den Zug schieben lassen muss, und ich weiß, wen ich dort antreffen werde: Schulmädchen in Uniform, Zeitungsleser, Herren in Anzug mit weißem Hemd und Krawatte. Niemand achtet auf mich, denn ich bin nicht da, und ich darf jeden ansehen. Auf den Bahnsteigen und in den Zügen lesen abwesende Münder ganze Gedichte vor, und das einzige, was ich lesen kann, sind die Namensangaben auf den Bahnsteigen. Für alle anderen Auskünfte lasse ich mir morgens im Hotel hübsche Zettel malen, auf denen Texte stehen wie: Würden Sie diesem Herrn bitte erklären, wie er … wo … wann, und so weiter. Damit begebe ich mich in die Stadtmitte und finde so den Fischmarkt, die Börse, das Theater. Manchmal fahre ich auch mit dem Taxi. Die Tür fliegt automatisch auf, wenn ich mich nähere. Das Wageninnere könnte nicht sauberer geputzt sein. Eine Plastikblume lacht mich an, der Bewohner streckt seine weißbehandschuhte Hand aus und starrt auf die Zeichnungen. Wenn er sie nicht versteht, saugt er durch einen leicht geöffneten Mundwinkel einen Schwall kühler Luft ein, was ein hohes, zischendes Geräusch macht. Dieses Geräusch ist ziemlich definitiv, denn fast niemand spricht Englisch. Ich frage Freunde, wie es dann um Himmels willen bloß möglich war, ein solches Handelsimperium aufzubauen. Die Antwort scheint zu sein, dass viele Japaner Englisch lesen und schreiben können, dass aber die Angst, Fehler zu machen und damit das Gesicht zu verlieren, größer ist als der Wunsch, einem zu helfen. Ein regelrechtes Nein bekommt man fast nie zu hören. Man sitzt also in diesem Taxi und lauscht dem langsamen Zischen. Dann murmelt man etwas, sondert ein Lächeln ab, und die Tür fliegt wieder auf.

Manche Fremde verbittert das sehr oder frustriert sie zumindest, denn auch wenn man nach dem Weg fragt, wird der Angesprochene, ebenfalls wieder, um das Gesicht nicht zu verlieren (was für ein grässlicher Ausdruck), einem nicht sagen, dass er es nicht weiß, sondern einen lieber in die Sahara schicken, um behilflich zu sein. Für mich fällt das alles unter die Rubrik Abenteuer, denn ich habe keine Verpflichtungen, aber ich kann mir vorstellen, dass es für Leute, die ein Programm zu absolvieren haben, eine Katastrophe ist.

Wenn man so durch die Stadt streift, ist man sich eines Umstandes stets bewusst: Man ist von gewaltigen Menschenmengen umringt. Wie eine Flutwelle rücken sie vor, wenn die Ampel auf Grün springt, auf Wolken wird man in die Kaufhäuser getragen, zu Dutzenden telefonieren sie an roten Telefonen, die einfach so, ohne Zelle, an der Wand hängen, überall um einen herum ist Bewegung, schwindend und schwellend wie das Meer, aber nie aggressiv, ein Volk, das von allein gelernt hat, dass die einzige Möglichkeit, mit sechzehn Millionen Menschen in einer Stadt zu leben, eine Form von Disziplin ist, normalerweise etwas, wofür ich mich nicht gerade begeistere, hier aber eine absolute Notwendigkeit. Kein Geschiebe und Gedränge, alles verläuft so, als seien Naturgesetze im Spiel, die Massen fließen in- und auseinander, große Grundseen strudeln um die

U-Bahn-Stationen herum, alles Gesichter mit schwarzen Haaren, alle ordentlich gekleidet, alle mit einem klaren Ziel. Ich hatte mich darauf vorbereitet, diese Massenhaftigkeit grässlich und beängstigend zu finden, aber das Gegenteil trifft zu: Es ist ein sinnlicher Genuss, in diesen Mengen mitzufließen, von unverständlicher Körperlichkeit umringt zu sein, selbst Menge zu sein.

Am einfachsten ist das Essen. In Amsterdam gibt es drei japanische Restaurants, ich weiß also, dass ich, wenn ich rohen Fisch *(sashimi)* esse, erst etwas Sojasoße in ein Schälchen geben muss, ein pastetenartiges Klümpchen scharfen *wasabi* – eine grünliche Meerrettichart – daruntermischen und dann dieses Gedicht von hellrotem rohem Thunfisch oder satinschimmernde Tintenfischstücke *(ika)* hineintunken muss. In den kleinen Restaurants im Zentrum gibt es keine fremdsprachigen Speisekarten, aber vor den Fenstern haben sie wunderbare, täuschend echt aussehende Displays von Speisen. Große Künstler waren hier am Werk: Im Beefsteak geringerer Qualität für *sukiyaki* sind sogar, zur Warnung, feingeäderte Sehnen zu finden. Man geht hinein, nimmt einen Kellner oder eine Kellnerin mit hinaus – was mit viel Lachen einhergeht – und zeigt auf alles, was man haben möchte. Die Portionen sind in wahrer Größe abgebildet, auch da kann man also keine Fehler machen. Mit einiger Spannung beobachten sie dann, wie man alles mit den Stäbchen zu sich nimmt, aber sonst wird man in Ruhe gelassen. Alles, was auf den Teller kommt, ist wunderschön angerichtet, sogar in den einfachsten Restaurants: kleine Kompositionen, Gemälde von Speisen. Das meine ich, wenn ich sage, es spielt keine Rolle, dass die Stadt nicht von musealer Schönheit ist. Die rettende Anmut steckt in den kleinen Dingen, in der Kultur des Alltagslebens. Grachten sind schön, aber Kartoffelsalat ist hässlich, und diese Hässlichkeit muss man auch noch zu sich nehmen, buchstäblich damit eins werden. Das ist der Unterschied. Das Verzehren eines solchen kleinen Kunstwerks ist im Grunde eine Kommunikation mit der Schönheit. Das gleiche gilt für die Art, wie die Einkäufe im Kaufhaus eingepackt werden, und für das anmutige Kopfnicken und den gewisperten Gruß am Fuße der Rolltreppe.

Mit Hilfe der niederländischen Botschaft habe ich eine Verabredung zum Besuch des japanischen Parlaments getroffen. Der Taxifahrer zischt nicht, als er die Zeichnungen sieht (ich bleibe bei diesem Ausdruck, nichts ist schöner, als einen Japaner langsam etwas schreiben zu sehen), und ich bin rechtzeitig am Eingangstor des kolossalen Parlamentsgebäudes und stelle mich an den verschlossenen Gitterzaun. Schon bald kommt ein Uniformierter und fragt, was ich wünsche. Ich sage, dass ich verabredet bin und hier am Eingang abgeholt werden soll. Konsternation. Telefonate. Aufregung. Irgendetwas stimmt nicht. Ich habe bereits gelernt, dass man sich tunlichst nicht aufregen soll (sehr schlechter Geschmack), und lächle beharrlich mit Erstkommunionsgesicht. Aber ich gehe auch nicht weg. Alle Schachfiguren stehen jetzt eine Weile bewegungslos da. Dann wird wieder telefoniert. Aus dem Chaos tritt ein Herr, der Englisch spricht. Wir verbeugen uns. Wir tauschen Visitenkarten aus. Ich erkläre ihm, dass ich mit Herrn Ito verabredet bin, und er sagt, das könne nicht sein, weil er, sehen Sie nur auf die Karte, Herr Motegi sei, Sekretär der Abteilung für auswärtige Angelegenheiten im Abgeordnetenhaus. Dann führt er meine Karte dicht an die Augen, murmelt nutbum nutbum und schüttelt den Kopf. Dies, so wird mir später erläutert, ist eine typisch japanische Situation. Etwas ist schiefgegangen, offensichtlich. Er ist mit mir *nicht* verabredet, denn er ist nicht Herr Ito. Aber da steht nutbum, eine vollendete europäische Tatsache, vor den Toren des Parlaments. Er ist sichtlich in großen Schwierigkeiten, hält sich immer wieder meine Karte vor die Nase und murmelt. Sein Englisch ist rudimentär, also beschränke ich mich darauf, weich kadenzierend den magischen Namen Ito, Ito zu wiederholen. Von Zeit zu Zeit dreht er sich zu den Uniformierten um, die ihn voller Respekt auf seinem Leidensweg beobachten.

Nutbum, sagt er wieder. Holland. Oranda. Genau. Wir verneigen uns. *Ito,* singe ich, *appointment. Dutch Embassy. Embassy? Yes. Mr. Ito?* Endlich entschließt er sich, mich mit hinein zu nehmen, aber glücklich ist er nicht. Er zischt wie eine Kobra, die eine farcierte Maus vor sich sieht, und führt mich zu einem Schalter, an dem ich mich auf viel Papier eintragen muss. Dann treten wir in das große Gebäude ein. Irgendwo in einem Raum geht er telefonieren, und das wird ein sehr langes Gespräch. Erst als das Spinnennetz entwirrt ist, zeigt sich, wie sehr ich die gesamte Maschinerie durcheinandergebracht habe. Ich war am Nordeingang verabredet, hatte mich aber zum Südeingang begeben. Abgesehen davon, dass mir das niemand gesagt hatte, hätte ich dem Taxichauffeur den Unterschied doch nicht klarmachen können. Aber Herr Ito stand pünktlich um zehn am Nordeingang. Herr Ito empfängt die Journalisten, die ins Unterhaus wollen. Herr Motegi empfängt die Journalisten, die ins Oberhaus wollen. Jetzt geht es nur noch darum, dass Herr Motegi mich Herrn Ito übergibt. Das geschieht exakt auf der unsichtbaren Demarkationslinie, die die beiden Abteilungen trennt, irgendwo mitten in dem riesigen Gebäude. Die beiden Herren fangen schon von weitem an, sich zu verbeugen, die sie begleitenden Uniformierten verbeugen sich ebenfalls. Wie ein Paket werde ich, der ich mich ebenfalls verbeuge, übergeben, bekomme die Karte von Herrn Ito, gebe ihm meine Karte und muss wieder zu einem anderen Schalter, um mich einzutragen. Dann erst darf ich der Parlamentssitzung beiwohnen, aber vorher bekomme ich noch ein schönes Buch über das Parlament mit Farbfotos von der Großen Kaiserlichen Treppe, die so aussieht, wie jemand in Arnhem sich eine Große Kaiserliche Treppe vorstellt. Herr Ito und ich trinken eine Tasse grünen Tee in den *corridors of power*, einem ostindischen Warteraum mit Peddigrohr und Palmen, wo die Parlamentsabgeordneten einen Happen essen, Zeitung lesen, mich anschauen und schreckliche Komplotte schmieden – genau wie im Binnenhof[1]. Dann gehen wir eine Treppe hinunter, ich werde von Kopf bis Fuß durchsucht, sogar die Schuhe muss ich ausziehen, mein Füller wird mir abgenommen, hier wird nichts Carlos oder dem Zufall überlassen. Ich betrete die öffentliche Tribüne zusammen mit einer vor Ehrfurcht erstickten Klasse Schulkinder und drei Bauern aus einer fernen Provinz, die sich kaum zu bewegen wagen. Die Sitzung dauert noch nicht einmal sechs Minuten und wird von Heerscharen von Fotografen, Filmern, Journalisten dokumentiert. Ich verstehe kein Wort, lasse mir erklären, wo die Kommunisten sitzen und wo die Liberalen, aber für mich ist es ein sehr großer Saal voller Herren in grauen Anzügen mit weißen Hemden und Krawatten. Debattiert wird nicht, drei äußerst kurze Reden, woraufhin offensichtlich durch

Sitzen und Aufstehen abgestimmt wird, und dann ist es schon wieder vorbei. Genauso wie meine Tante nach einem Theaterstück von Pinter sagte: »Ich habe nichts verstanden, aber es war sehr schön.«

Als ich hinauskomme, ist eine Demonstration im Gange. Viel Polizei, aber was da eigentlich vor sich geht, sehe ich nicht. Ein geschlossenes Auto, an dem Fahnen angebracht sind, fährt die ganze Zeit hin und her. Daraus dringt großtönende, aggressive Musik, abwechselnd mit Reden, in denen Japanisch plötzlich ganz anders klingt, böse, hysterisch. Parolen werden skandierend geschrien, auf einem anderen Auto stehen Männer mit Gesichtern wie Masken, auch dort dieselben Fahnen. Als ich das Emblem darauf später einem Journalisten beschreibe, sagt er, es sei eine rechtsnationalistische Gruppe. Die Autos fahren noch eine Weile hin und her, ein paar Passanten schauen ohne erkennbare Regung zu, Polizisten in Jeeps umkreisen die Autos, wobei sie mit Walkie-Talkies miteinander sprechen, es sieht aus, als würde ein perfektes Szenario aufgeführt, ein Ballett mit einer martialischen Choreographie für vier Autos. Aber das Geschrei ist beängstigend und verfolgt mich noch eine ganze Weile. Unangenehm, worum auch immer es gegangen sein mag.

Einige Tage später hat der Kaiser Geburtstag. Es ist das einzige Mal im Jahr, dass die Kaiserlichen Gärten geöffnet werden, also melde ich mich. Viel Polizei. Goldbetresste Offiziere zu Pferde. Lange Schwerter an der Seite. Die großen Tore sind noch geschlossen, die Polizisten fangen an, die Menge in eine Reihe zu kneten. Neben uns werden Seile gespannt, ein Offizier späht entlang seinem ausgestreckten Arm in die Ferne, ob die Reihe auch wirklich gerade ist, Befehle ertönen, hier und da wird jemand noch etwas weiter in die Schlange geschoben, auch von hinten werden wir gequetscht, ein Deutscher wird hysterisch und will raus. Er macht einem der Offiziere eine große Szene und ruft, er sei eigens des Kaisers wegen aus Rio de Janeiro gekommen, aber wenn man sich so aufführt, erreicht man hier nichts. Es beginnt leise zu regnen. Ich frage mich schon, wie gern ich die Kaiserlichen Gärten eigentlich sehen will, aber da öffnen sich die Tore, und wir strömen wie ein Fluss hinein. Leider ist der ehemalige Nachkomme der Götter an diesem Vormittag bereits zweimal seinem Volk erschienen, jetzt, beim dritten Mal, dürfen die Untertanen lediglich ihre Visitenkarte abgeben. Jemand deutet auf das sehr weit entfernte hohe Fenster, hinter dem der kaiserliche Schemen an diesem Morgen noch weilte, es reflektiert zinkfarbene Sonnen- und Wolkenfetzen, und das ist alles. Ich lege meine Karte zu den Zehntausenden anderen und überlege noch schnell, ob ich »hallo, Kaiser« daraufschreiben soll und ob meine Karte nun für alle Ewigkeit in den kaiserlichen Archiven verschwindet, doch da fließen wir bereits weiter in die Gärten hinein. Die Blumen und Bäume haben sich den Holzschnitten angeglichen, die man von ihnen angefertigt hat, der Regen hängt in den übervollen Azaleen, ich spaziere unter den sanftgrünen Schirmen, unter dem Erschauern und Geraschel spitzer Blätter und wüsste gern, was die Leute um mich herum denken. Nie, solange sie in der Geschichte zurückdenken können, hat es *keinen* Kaiser von Japan gegeben. Während langer Perioden hatten nicht die Kaiser, sondern die Shogune die Macht inne, doch die kaiserlichen Dynastien sind einander in ununterbrochener Linie aus einer nebelhaften, mythischen, göttlichen Vergangenheit gefolgt. Vor kaum mehr als hundert Jahren zwangen die Amerikaner Japan, die selbstgewählte völlige Isolation aufzugeben; in irrsinnig kurzer Zeit saugt es, wie bereits 1500 Jahre vorher während der chinesischen Tang-Dynastie, eine ganze Kultur in sich auf, entwickelt sich zu einer Großmacht erster Ordnung und wird in den zwanziger Jahren auf unvorstellbare Weise frustriert, weil die Amerikaner zusätzlich zu dem Japan zugefügten wirtschaftlichen Schaden durch Restriktionen bei der Einwanderung auch noch ein Gesetz verabschieden (1924), wonach Japaner in Amerika keine »Weißen« heiraten dürfen, kein Land besitzen dürfen und alle anderen Aspekte von offenem Rassismus zu erdulden haben. Schon vorher hatte Japan versucht, eine Erklärung über die Gleichheit der Rassen vom Völkerbund verabschieden zu lassen, doch dieser Versuch scheiterte trotz der Tatsache, dass Japan in Versailles zu den fünf großen Siegermächten gehörte. Mit diesem sinnlosen Rassismus wurde der Keim zum Zweiten Weltkrieg gelegt. Hinzu kam, dass Japan für den Rest der Welt, und ganz sicherlich für jene andere Großmacht auf der anderen Seite des Pazifiks, ein beängstigendes, unbegreifliches Mysterium mit einer so andersartigen, undurchdringlichen Kultur war, zu der die Sprachbarriere ein übriges beitrug, und dass Japan in jenen Jahren eine stürmische Entwicklung von einer feudalen Agrargesellschaft zu einer Industriegesellschaft samt allen damit einhergehenden Umbrüchen und Verformungen durchlief. In diese Situation platzte die Wirtschaftskrise, der Aufstieg des zumeist aus der vernachlässigten ländlichen Bevölkerung hervorgegangenen Militärstands, und die Voraussetzungen für interne Gegensätze zwischen liberalen und autoritären Gruppierungen in der kontinuierlich wachsenden Bevölkerung (1 Million pro Jahr) waren geschaffen. Japan war und ist auf Exporte angewiesen. Seinen Bevölkerungsüberschuss wurde es in den großen »leeren« westlichen Ländern nicht los, weil diese keine Japaner aufnehmen wollten (Australien, Kanada), es musste – und muss immer noch – seine

Rohstoffe importieren (Öl, Stahl), um weiter produzieren zu können, aber um sie bezahlen zu können, musste es exportieren, doch Asien und Afrika, ihre natürlichen Absatzgebiete, gehörten noch zu einem großen Teil zu den westlichen Imperien, die kein Interesse daran hatten, Japan in diese Märkte vorstoßen zu lassen. Das kleine rohstoffarme, überbevölkerte Land brauchte mehr Land, wollte es nicht ersticken. Es waren sicherlich auch der Rassismus und Protektionismus der Großmächte in den zwanziger und dreißiger Jahren, die Japan zwangen, sich nach China hin zu orientieren.

Langsam schlendere ich in der Prozession mit, die Richtung Ausgang zieht. Väter fotografieren ihre Söhne, Söhne fotografieren ihre Väter, ganze Familien werden für immer in Fotoalben verschwinden, bis keiner mehr weiß, wer sie waren. Mädchen lassen unter den Baumgewölben das Glockenspiel ihrer Stimmen erklingen, ich rieche den süßen Duft von Blumen, die ich nicht kenne. Auf einer freien Fläche steht ein ganz kleines Mädchen in Weiß, in kleinen roten Schuhen. Sie hat ihr Papierfähnchen auf den feuchten Asphalt fallen lassen. Ich schaue zu ihr hinüber. Es scheint, als balle sich in diesem einen kleinen Kind alles, was für mich Japan ist. Sie weint nicht, sie steht ganz still, bis ihre Mutter kommt und das Fähnchen aufhebt, weiß und rot, wie ihre Kleider. Dann reihen sie sich wieder in die träge Schlange ein, zu der ich gehöre und nicht gehöre. Als der letzte von uns draußen ist, schließen die Wächter die hohen kaiserlichen Holztore, und ich gehe nach Hause.

2

Für einen Tag habe ich das japanische Universum ausgesperrt und bleibe in meinem Hotelzimmer. Die Gardinen verschleiern den sechsfachen Pfad der Autos tief unter mir und den achtfachen Pfad der Züge dahinter. Von Zeit zu Zeit stehe ich auf und sehe mir durch die gewobenen Schleier den jetzt lautlosen, frenetischen Verkehr an wie eine Spielzeugausstellung in einem Schaufenster. Den Fernseher lasse ich grau, meine eigenen Barfußschritte höre ich nicht auf dem dicken Teppichboden, die Klimaanlage rauscht leise wie ein Wind, der nie gelernt hat zu sprechen, und wenn ich mir etwas zu essen bringen lasse, brauche ich mir keine Gedanken über Trinkgelder zu machen, denn in Japan werden nie Trinkgelder gegeben, und wenn man doch eines gibt, bekommt man es wieder zurück.

Die Zeitung habe ich nicht aufgeschlagen, ich habe andere Dinge im Kopf, nur, sie lassen sich nicht so leicht beschreiben. Nach langen Flügen mit großen

Zeitunterschieden, vor allem, wenn man nach Osten reist, stellt sich häufig eine tödliche Müdigkeit ein. Das Fliegen geht zu schnell, die Seele ist irgendwo zurückgeblieben und schlüpft erst nach einigen Tagen mühsam wieder in den Körper zurück. Doch das liegt bereits hinter mir, ich bin schon seit über einer Woche in Tokio und habe gemeinsam mit meiner Seele heitere Tage erlebt. Wir haben das Parlament, die Börse, die Kaufhäuser, die Straßen, die Millionen, die Märkte, die Menschen gesehen. Was ist es dann? Nach der Lektüre etlicher japanischer Romane hatte ich bei mir gedacht, trotz allerlei exotischer Dinge, trotz großer Unterschiede in der Geschichte und der sich daraus ergebenden unterschiedlichen Werte und Anschauungen sei das, was man der Einfachheit halber die *wesentlichen* Dinge nennt, beruhigenderweise das gleiche; doch nachdem ich mich eine Woche lang mit japanischem Alltagsleben vollgesogen habe, kann ich das nicht mehr glauben. Es war ziemlich problemlos für mich, mich hier zu bewegen – nachdem ich ein paar grundlegende Tricks erlernt hatte –, weil eine ganze, uns zutiefst fremde Zivilisation sich in äußerlicher und oberflächlicher Form uns zugewandt hat. Es ist nicht nur eine Stimmung, aus der heraus ich mich in mein lautloses Zimmer zurückgezogen habe. Es ist das tiefe, beunruhigende Gefühl, eine Woche lang auf Wasser gegangen zu sein und, schlimmer noch, weiterhin auf Wasser zu gehen: Wasser, schwarz, seidig, schimmernd wie bei einem Parkteich, den ich gesehen habe, Wasser, stark genug, um mich zu tragen, und undurchsichtig genug, um mir einen Blick darauf zu verwehren, was sich unter seiner Oberfläche befindet. In der ersten Woche dachte ich, *ich* sei unsichtbar in dem Sinn, dass der Fremdkörper, der ich auf der Straße, in der U-Bahn oder in einem Restaurant bin, von den Japanern nicht in ihre innerste Art des Schauens eingelassen wird. Das japanische Wort für Fremder, *gaijin,* bedeutet wörtlich »outside person«, wie ich schon sagte. Aber es gibt noch einen anderen Begriff, *tanin,* der in viel spezifischerer Weise meine »Fremdheit« ausdrücken kann. *Tanin* ist einer, der keinerlei reale Beziehung zu einem hat. *Der Fremde (L'Etranger)* von Camus ist *tanin, The Outsider* von Colin Wilson ist *tanin.* Das Fehlen einer wirklichen Beziehung bedeutet, dass man nicht, oder nicht wirklich, *gesehen* wird. Daher diese Unsichtbarkeit, die mir in der ersten Woche so ausnehmend gut gefiel, eine Art von Ausgelassenheit, die *mir* gerade eine größere Freiheit gab, mich umzuschauen. Doch diese essentielle Fremdheit richtet sich natürlich nie nur nach einer Seite, die Unsichtbarkeit ist gegenseitig, und wer etwas nicht sieht, ist blind: Unsichtbar und zugleich sehenden Auges blind, auf Wasser gehen, reisen und schauen und jeden Tag schärfer empfinden, dass man nicht sieht, was man sieht, dass man, für diese Gesellschaft mehr als für irgendeine andere, das eigene Leben ändern müsste, um etwas zu begreifen. Weil das so übertrieben klingt, will ich versuchen, es zu erklären.

Reisen hat stets ein Element des Brutalen, Neugierigen, Ungehörigen an sich. Man mischt sich in Gesellschaften, deren feine Nuancen, Soziolekte, Sitten, Eigentümlichkeiten man nicht ganz verstehen kann und nie ganz verstehen wird, und in diesem Sinne ist man ein Eindringling. Bei den meisten Kulturen sind die Unterschiede jedoch nicht so groß, dass das ganze Unterfangen sinnlos würde. Wenn man, ohne sich besonders angestrengt zu haben, im Gymnasium Kenntnisse in Griechisch und Latein und der dazugehörigen Geschichte erworben hat und sich zunächst ganz nebenbei und später ein wenig gezielter etwas Italienisch angeeignet hat, dann braucht man sich bei einer Sizilienreise nicht wirklich ausgeschlossen zu fühlen; denn selbst wenn man den Gesprächen in einer Volkskneipe in Taormina nicht folgen kann, reist man doch in seiner »eigenen« Kultur herum, eine Arroganz oder Anmaßung, die man sogar noch bis Persien fortsetzen kann, weil einem, wenn man auf der Hochebene von Persepolis steht, Xenophon und die Geister längst verstorbener Pater immer noch sanft den Rücken stärken, die einem von Kyros, Darius und Xerxes erzählten. Aber Japan?

Das Gefühl des völlig anderen habe ich schon früher

erlebt, bei den Dogon in Mali oder bei einer Voodoo-Zeremonie in einem finsteren Außenbezirk von Bahia de San Salvador, aber in Bahia fahren keine U-Bahnen, und die Dogon sind nicht die drittgrößte Wirtschaftsmacht der Erde. Was aber soll ich mit mir völlig fremden Begriffen wie *kanashimi*[2] (»das Entzückend-Hinreißend-Wunderbare und das Verderblich-Verheerende nebeneinander gestellt und gleichsam in einer einzigen Gefühlsregung zusammengefasst«) oder *mono no aware*[3] (»Das Pathos der Dinge«, »die Anerkennung der speziellen Schönheit des Vergänglichen«), und wie kann ich das tatsächliche Gewicht von Begriffen errechnen, die soziale Einstellungen im japanischen Familienleben oder in der Gesellschaft als ganzer zum Ausdruck bringen, Begriffe und Haltungen, die mit einer außerhalb jeglichen westlichen Einflusses entstandenen und gewachsenen Kultur befrachtet sind, wie zum Beispiel *ninjo* (»ein spontan aufkommendes Gefühl«) oder *giri*[4] (»sozial vereinbarte gegenseitige Abhängigkeit«) oder *amae*[5] (»die passive Liebe, die der Einzelne in einer Gruppe genießt, sei es seine Familie, die Nachbarschaft, die Firma, in der er arbeitet, oder letztlich die gesamte japanische Gesellschaft«). Natürlich ist es nicht so, dass diese Konzeptionen in unserer Gesellschaft überhaupt nicht existierten, doch wir haben keine Begriffe dafür, und das kann nur bedeuten, dass es große, inhärente Unterschiede zwischen unserer

Kultur und der japanischen gibt. Und es ist nicht der poetische Leser von Haikus oder der andächtige Betrachter von Hokusai-Bildern, denen das als erstes auffallen wird, sondern ein niederländischer Geschäftsmann, der ein großes niederländisches Unternehmen in Tokio leitet und zu seiner Verblüffung entdeckt, dass Herr X, der drei Wochen in Urlaub sein sollte, nach zwei Tagen bereits wieder an seinem Schreibtisch sitzt (»weil ich sonst denken würde, dass seine Loyalität der Firma gegenüber geringer ist, als sie ist«), oder der mit Herrn Y konfrontiert wird, der nachdrücklich und entschieden eine Gehaltserhöhung ablehnt, weil er im vergangenen Jahr zwei Monate krank war. Im letztgenannten Fall entspann sich folgender Dialog: »Aber es ist doch nicht Ihre Schuld, dass Sie krank waren? Wenn Sie jetzt eine Gehaltserhöhung ablehnen, hat das Konsequenzen für Ihre gesamte Laufbahn und letztlich für Ihre Rente.«

»Es lässt sich schwer sagen, ob es meine Schuld ist. Es ist nicht sicher, dass es *nicht* meine Schuld ist. Jedenfalls habe ich der Firma gegenüber versagt.« Die Gehaltserhöhung wurde nicht akzeptiert. Wir zählen Japan der Einfachheit halber zur kapitalistischen Welt, doch westliche Konzeptionen wie Sozialismus und Kapitalismus gelten für die japanische Gesellschaft auf nicht genau zu erklärende Weise nicht recht. Streiks werden lange zuvor vereinbart, Lohnverhandlungen, manchmal über sehr kleine Beträge, können wegen langer Sitzungen sehr viel Zeit in Anspruch nehmen. Mitbestimmung ist ein weiterer Begriff, der nach unserem Gefühl nicht klar umrissen ist. Ein niederländischer Fotograf, Hans Samson, der mit seiner Frau und einem Dolmetscher durch das Land reist, um im Auftrag eines großen japanischen Kamerawerks eine audiovisuelle Sendung zu machen, erzählt mir, dass er *trotz* eines Empfehlungsschreibens der Direktion in einer bestimmten Abteilung des Werks nicht filmen durfte. Die Abteilung hatte darüber beraten, und das Ergebnis lautete »nein«. Als ich jemanden von der Botschaft später fragte, wie das möglich sei, erfuhr ich, eines der Probleme im Umgang mit größeren Betrieben bestehe darin, dass man nie genau wissen könne, wo die »Macht« liegt. Das ist bei uns ebenso undenkbar wie die Vorstellung, der Direktor der Kaufhauskette Bijenkorf hielte allmorgendlich eine Ansprache vor seiner Belegschaft, oder die Belegschaft bei Daf würde allmorgendlich das Daf-Lied singen. Der amerikanische Schriftsteller und Journalist Lafcadio Hearn stellte bereits Anfang dieses Jahrhunderts fest: »Über Japan sind tausend Bücher geschrieben worden, doch abgesehen von Kunstwerken und Spezialliteratur sind noch nicht einmal zwanzig wirklich wichtige Bücher darunter. Schuld daran ist die unvorstellbare Schwierigkeit, zu verstehen und zu begreifen, was sich unter der Oberfläche des Lebens in Japan befindet. Und in den nächsten fünfzig Jahren kann kein Buch publiziert werden, das dieses Leben und die japanische Gesellschaft von innen und von außen, historisch, soziologisch, psychologisch und ethisch darstellt und restlos erklärt. Das Thema ist so umfassend und kompliziert, dass eine Generation von Gelehrten damit noch nicht zu Rande käme, und so schwierig, dass die Zahl der Gelehrten, die bereit sind, ihm ihre Zeit zu widmen, immer klein bleiben wird. (…) Jedes wirkliche Verständnis der sozialen Verhältnisse erfordert eine mehr als oberflächliche Kenntnis der religiösen Verhältnisse. Sogar die industrielle Geschichte eines Volkes lässt sich ohne eine gewisse Kenntnis der religiösen Traditionen und Bräuche nicht verstehen, die das industrielle Leben in den frühen Stadien seiner Entwicklung regelten. (…) Oder nehmen wir den Bereich der Kunst. Kunst ist in Japan so eng mit der Religion verbunden, dass jeder Versuch, sie ohne umfassende Kenntnis der Überzeugungen zu studieren, die sie widerspiegelt, reine Zeitverschwendung wäre. Mit Kunst meine ich nicht nur die Malerei und Bildhauerei, sondern jede Form von Dekoration, alle Darstellungen, den Drachen eines Jungen ebensogut wie das Muster auf einer Lackdose oder einer Emailvase, die Figuren auf der Schürze eines Arbeiters ebensogut wie die Formen der kolossalen Nio, die die Tore buddhistischer Tempel bewachen (…).« Er schreibt dann weiter über die japanische Literatur, die sich ebensowenig wirklich lesen lasse wie beispielsweise das altgriechische Drama des Euripides, wenn man mit der Denkwelt der alten Griechen nicht vertraut ist. Eines ist klar: Eine Gesellschaft, die einem bis an die Wurzeln fremd ist, muss bis zu diesen Wurzeln erforscht werden, wenn sie nicht für immer unsichtbar bleiben soll. Nur ist das dem Westen innerhalb der ihm von Hearn zugestandenen Frist von fünfzig Jahren nicht so sehr durch ein Buch klargeworden als vielmehr durch einen Weltkrieg, in dem sich hinter der *sophistication* der damals modernen Kriegsführung ein derart unüberbrückbarer Mentalitätsunterschied auftat, dass dieser letztlich nur durch eine Atombombe »überwunden« werden konnte. Denn was sollten die Amerikaner mit Gegnern anfangen, für die die *Niederlage* ein weitaus geringeres Übel war als die Übergabe, was mit dem Ehrenkodex des Samurai *(bushido)*, mit dem Massenselbstmord japanischer Armee-Einheiten auf der Insel Saipan im Juli 1944, was mit den Gedichten, die neunzehn- und zwanzigjährige japanische Kamikazeflieger verfassten, bevor sie zu ihrer tödlichen Mission aufbrachen, die im Gesamtgeschehen des Krieges kaum etwas bewirkten? *(Wenn wir nur fallen dürften wie Kirschblüten im Frühling / so rein und strahlend …)*

Und was fängt man mit dem brisanten Selbstmord eines großen Schriftstellers wie Mishima an, der weit mehr war als eine hysterische Äußerung rechtsgerichteten Fanatismus? Jüngere Japaner, die ich kennenlerne, sagen, solche Dinge könnten nicht mehr vorkommen, diese Mentalität sei verschwunden, aber so einfach ist es natürlich nie: Diese Dinge müssen noch in tausend Formen und Gedanken hinter den glatten Fassaden vorhanden sein, hinter dem westlichen Gesicht des großindustriellen Zukunftsstaats.

Draußen hinter den Gardinen ist der Himmel grau geworden. Die Lichter sind angegangen. Ich bin den ganzen Tag im Zimmer geblieben, um zu lesen. Jetzt will ich hinaus. Im Lift die Blumensprache einer Mädchenstimme aus den Lautsprechern. Vielleicht sagt sie mir ja guten Tag. Draußen nieselt es leicht. Ich gehe auf ein Taxi zu, die Tür fliegt automatisch auf, der Chauffeur dreht sich nicht um, seine weißbehandschuhten Hände liegen ruhig am Lenkrad. »Ginza«, sage ich, und er antwortet »hai!«, und dann tauchen wir in den Fluss des Feierabendverkehrs ein. Menschenmengen ziehen auf den Taxischeiben vorbei, ich sitze zurückgelehnt auf der plastiküberzogenen Rückbank und schaue. Irgendwo in Ginza sehe ich unter einem Baum eine Frau, die mit Hilfe einer sehr kleinen, pfeilförmigen Taschenlampe einem Mann die Hand liest. Dort steige ich aus, trinke einen Kaffee in der Almond Bar, einem ganz im Violett der Fastenzeit gehaltenen Etablissement. Ganz in der

Nähe liegt ein Hotel, zu dem eine große Sauna gehört. Kurz darauf sitze ich zwischen fünf anderen nackten Männern. Jeder von uns hat einen kleinen Spiegel vor sich, in dem er sich rasieren kann, während er wartet, bis er an der Reihe ist, gewaschen zu werden. Das erfolgt durch ein kräftiges Mädchen in Gelb. Sie ist nicht zimperlich beim Scheuern und Schrubben, ich kann es gut sehen, denn wir sitzen im Kreis. Im selben Raum, der zu den Saunen führt, befinden sich auch große Badewannen mit eiskaltem und glühendheißem, kräftig strömendem Wasser. Sauberer, als ich je zuvor war, erhebe ich mich und gehe in die Sauna. Es ist faszinierend, wie *lange* Japaner sich waschen. Ich verfolge das ganze Ritual einschließlich der Massage. Von weitem habe ich gesehen, wie andere Mädchen sich mit beiden Händen an einer Stange an der Decke festhalten und sich dann auf Zehenspitzen entlang der Wirbelsäule des unter ihren Füßen liegenden Mannes fortbewegen; als es später bei mir passiert, fühlt es sich an, als wüssten die Zehen und Finger jeden verborgenen Krampf und Knoten in meinem Körper aufzuspüren, nervenberuhigend, kummervertreibend, und während die leisen Stimmen in unverständlichen Lauten über mir weiterplappern, döst mein Körper langsam ein und träumt etwas von Mädchen heiraten, Japanisch lernen, aufs Land ziehen und Gedichte schreiben über Schilfrispen, Libellen und Kirschblüten, aber da werde ich schon wieder an eine kleine, strenge Hand genommen und in einen Ruheraum geführt, in dem andere Männer in weißen Kitteln liegen und einen Sumo-Wettkampf im Fernsehen verfolgen.

Auf einem Podium mitten im Saal stehen sich die beiden Kämpfer gegenüber. Sie sind jung und sehr dick und tragen violette Bänder um die Mitte und ein dünneres violettes Band zwischen den Beinen, das ihre massigen, beigeglänzenden Hinterbacken frei lässt. Der Schiedsrichter, in einem langen meergrünen Brokatgewand mit Goldstickerei, steht am Rand des Kreises, in dem sie kämpfen. Was da vor sich geht, ist unklar, erst nach mehreren »Kämpfen« kann ich ein Schema darin entdecken. Die beiden Giganten stampfen mit den Füßen, werfen mit etwas Weißem – Salz, wie ich später erfahre –, nehmen klassische Kampfposen ein, schlagen die Hände zusammen, starren sich drohend in die Augen mit diesem gewalttätigen, aus den Augenwinkeln lauernden Blick, den ich von alten Bildern her kenne. Sie machen auch immer wieder einen »Fehlstart« und müssen sich erneut hinter der Linie aufstellen, über die der eine den anderen oder der andere den einen letztlich ziehen muss. Der eigentliche Kampf ist ganz kurz, meist nur eine Minute, das Ringen großer Gegner. Aus den gewaltigen Hüften dieser mastodontischen Leiber heraus wird einen Augenblick lang eine Urkraft eingesetzt, die sechshundert Pfund, die sie zusammen auf die Waage bringen, umfassen sich, und das vierbeinige Kampftier landet schließlich diesseits oder jenseits des Strichs, woraufhin es sich wieder in einen trennt, der gesiegt, und in einen, der verloren hat. Die Männer bei mir im Raum verfolgen das Ganze mit kurzen Rufen, Geknurr und Gemurmel. Ich brauche nur zu staunen und schlafe darüber noch einmal ein. Als ich später von den kichernden Mädchen geweckt werde, schweigt der Fernseher, und die Männer sind verschwunden.

Vor einigen Jahren sah ich einen Bus mit Japanern in Florenz. Sie stiegen aus, verschwanden im Dom und kamen nicht lange danach wieder heraus. Ich fragte mich, was sie gesehen haben konnten. Nach einem Besuch in den Tempelanlagen und Mausoleen von Nikko weiß ich es: viel und nichts. Was bleibt, ist eine Orgie von Eindrücken, die in meinem Fall in dem Gesamtbild dessen untergegangen sind, was ich »Japan« nenne, und ich frage mich, ob mehr davon übriggeblieben wäre, wenn ich nicht, wie jetzt, von einem strengen Führer in die Tempel hinein- und hinausgetrieben worden wäre. Freunde hatten gesagt, es sei besser, die ersten Schritte außerhalb Tokios im Rahmen einer organisierten Tour zu unternehmen. Das Resultat war, dass mir von diesem Tag fast nichts anderes mehr in Erinnerung ist als die Todesangst, »meine Gruppe« zu verlieren.

Busse lieferten uns am Bahnhof ab, im Zug waren Plätze für uns reserviert, auf denen man auch unbedingt zu sitzen hatte, obwohl noch so viele andere frei waren, Stimmen sprachen zu uns und erzählten, was wir sahen, kleine Kartons mit kunstvoll geformten und gemalten echten Speisen wurden uns auf den Schoß gestellt und dazu Stäbchen, um das alles zu essen, die endlose Agglomeration Tokio zog an uns vorbei, ganze Provinzen flacher Vorstädte, unendliches, sich so lange hinziehendes Menschengewimmel, dass der spätere Anblick von Land und darauf arbeitenden Bauern unwirklich war. Und nicht nur das: auch rührend. Ich hatte bis dahin nur Stadt gesehen, und jetzt raste ich, fast lautlos und in meinem violetten Beobachtungssessel hin- und herdrehend, durch eine altertümliche, einstweilen noch flache und grüne Landschaft mit kleinen Wäldern und Flüssen. Der Boden war so geeggt, dass er aussah wie gestreichelt. An hohen Bambusstangen neben den meisten Häusern schwänzelten große Papierkarpfen im Wind, es sah aus, als würden sie tatsächlich gegen den Strom schwimmen. »Koinobori«, sagt der Führer und erklärt, dass sie anlässlich des »Jungentags« da hängen, des fünften Tags des fünften Monats. Ein Karpfen bedeutet, dass es nur einen Sohn im Haus gibt. Sind es mehr Söhne, so sind es auch mehr Karpfen, der für den ältesten Sohn hängt dann ganz oben und ist der größte. Warum Karpfen? Weil der Karpfen ein Fisch ist, der flussaufwärts schwimmt, genauso wie die Söhne später gegen den Strom des Lebens schwimmen müssen. Offensichtlich gibt es viele Söhne in Japan, und sie wissen, was sie zu tun haben.

Beim letzten Bahnhof werden wir in einen Bus verfrachtet und fahren durch den kleinen Ort zu den Heiligtümern. Ich erinnere mich an kühle, dunkle Alleen mit endlos hohen Japanzedern, aber woran ich mich bei den Tempeln *erinnere,* weiß ich nicht mehr, und sei es nur deshalb, weil ich mit Hilfe der damals gekauften Bücher immer noch häufig in ihnen umherwandere. Wie ein aufgescheuchter Hirsch wurde ich durch die Anlage gehetzt: »Please, be punctual! When I say so and so hour, when I say 12.00 hour it is not 12.05 hour!« Woran ich mich aber noch deutlich erinnere, sind die Japaner. Schulen, Gruppen, Heere, Familien, die ehrfurchtsvoll durch ihre eigene Vergangenheit spazieren und einander dabei ewig fotografieren. Jede Gruppe folgt wie ein Vogelschwarm ihrem eigenen Führer, die Ausländer sind weit in der Minderheit und wirken eher verstört. In der Geschichte Japans ist die Periode des Tokugawa-Shogunats, das 1603 begann, von herausragender Bedeutung. »Ieyasu Tokugawa was miritary rurer, brought peace for 200 year«, sagt der Führer, und gerüstet mit diesem phänomenalen Wissen gehe ich über die wollüstige Wölbung der heiligen roten Brücke, stehe, bis ich wieder mitgezogen werde, vor dem Stall des heiligen Pferdes, vor den fünf feingliedrigen Stockwerken der grazilen Pagode, die im Regenlicht zu schweben scheint. Später, zu Hause, werde ich den Ort, die Gebäude und ihre Erbauer aus der Perspektive der japanischen Geschichte sehen, an jenem Nachmittag sehe ich nur geschwungene Tempeldächer, bemooste Votivlampen, eine schwindelig machende Ornamentik, den tausendfachen Glanz von Gold und Lackarbeiten, Götter und Halbgötter, Wächter und Tiere, deren Namen und Bedeutung ich nicht kenne. Ich ziehe meine Schuhe aus und an, gehe auf Strümpfen durch rotlackierte heilige Hallen, ein Priester schwenkt weiße Fächer über unseren Köpfen, ich bringe ungezählte Opfer dar und mache mir im Gehen Notizen, die mir später völlig unverständlich sein werden. In einem anderen Leben, einem späteren und ruhigeren Dasein, wenn ich in Japan geboren bin und mein Vater am fünften Mai meinen Karpfen in der Luft schwimmen lässt, werde ich hierher zurückkehren. Jetzt muss ich wieder in den Bus, um durch Haarnadelkurven zu fahren, einen Wasserfall (ah! ein Wasserfall) und einen See (ah! ein See) zu sehen, bis wir an einem alten vornehmen Hotel aussteigen, wo wir eine Pause einlegen. Ich spaziere herum und sehe mir auf den Fluren die alten Fotos an, die bis 1899 zurückgehen: japanische Familien im Kimono, japanische Jäger in westlicher Kleidung, Jahrgang 1922, und die erste Seite des Gästebuchs, 1892: *Captain and Mrs. Glubb, Hongkong, Miss G. Woodbury, USA.* Lang lebe Miss Woodbury!

Im Fernsehen turnen Mädchen in Uniform zu europäischer Morgengymnastikmusik. Ich setze mich in der Eingangshalle in einen der schweren Sessel vor den Bambusschiebefenstern und schaue auf die handgemalten Hügel in der Ferne, schwer vom Regen und vom Norden, denke an Captain Glubb und Miss Woodbury, frage mich, was sie hier wohl taten und was ich hier tue.

3

Die erste Woche im Mai heißt in Japan »Golden Week«. Eine Häufung von Feiertagen sorgt dafür, dass die eine Hälfte Japans zur anderen reist, und dazwischen befinde ich mich. Couperus[6] klagt bereits 1922 darüber. Er bekommt dreitausend Gulden im Monat von der *Haagsche Post* (wieviel ist das heute?), und trotz Führer und Wagen gelangt er nicht dorthin, wo er hin will. Die Straßen sind schlecht, die Züge voll, sein Führer, »der sich wieder ruppig und hektisch zeigt«, ist inkompetent, und so kehrt er in sein Hotel zurück und ärgert sich, weil die Pfingstrosen noch nicht blühen. Fünfundfünfzig Jahre später sind die Züge noch immer voll, und sogar im Flugzeug (alle dreißig Minuten eine verlängerte DC 8!) von Tokio nach Osaka ist kein Platz mehr. Unzeremoniell schwingt es sich in die Lüfte und lässt die Qualen des überfüllten Flughafens hinter sich. Ich habe das Gefühl, als sei ich gerade noch auf die hintere Plattform einer Straßenbahn gesprungen. Es wird ein rauher Ritt zwischen ruppigen Wolken. Couperus hätte das nicht geschätzt, und mir ist auch nicht wohl in meiner Haut, doch zwei Stunden später habe ich alles vergessen, spaziere am Ufer eines Flusses in Osaka inmitten einer flanierenden Menschenmenge durch eine Art Vergnügungspark, esse kleine Häppchen an Buden, sitze zwischen Gitarre spielenden jungen Leuten und bin einigermaßen glücklich. Es ist ein Feiertag, wie klar zu erkennen ist, im Foyer des Royal Osaka Hotels begrüßen äußerst förmlich gekleidete Familien einander unter Verneigungen schon von weitem, die Herren im Cut mit Nadelstreifenhose und Hemdbrust, die Damen traditionell, ganze Pantomimen werden aufgeführt, während Amerikaner und Deutsche zuschauen, als wohnten sie einer Volendamer Trachtenhochzeit bei. Unter der Eingangshalle befindet sich ein großes Karree mit Cardin-, Pucci-, Dunhill-Geschäften, 100 000 Gulden teuren Pelzmänteln, Straßen unberührbaren Wohlstands, die man auf vorsichtigen Zehenspitzen betritt. Es gibt verschiedene Restaurants, es ist eine völlig eingekapselte Welt des ostentativen, extremen Reichtums, und in einem Anfall von Übermut fliege ich mit dem Lift ins sechsundzwanzigste Stockwerk, wo ich mich in einer Anwandlung von Größenwahn und Melancholie an ein großes Fenster setze, an dem ganz Osaka klebt. Die Karte ist französisch, ich bestelle einen halben Heidsieck brut, einen *jambon de Bayonne*, ein *fricassée de poulet* und dazu einen Gewürztraminer (mir war danach), lausche dem leisen Schmatzen der lokalen Haute volée an den Nachbartischen, sehe das Firmament der fremden Stadt unter mir und die träge, sich neigende Bahn der Flugzeuge über und neben mir, löffle ein *sorbet de cassis,* trinke einen *café express* und eine winzige giftgrüne Chartreuse. Dann trippeln zwei kleine Elfenbeindamen mit pechschwarzen Garbofrisuren herein. Sie sind ganz in gebrochenes Weiß gekleidet und verteilen sich lautlos auf dem schmalen Podium, auf dem Flügel und Cello bereitstehen. Mein Gott! und ich bin hier doch schon so fern der Heimat und allein, und zusammen mit Heidsieck, Gewürz und Chartreuse lausche ich *Plaisir d'Amour, Liebelei, Parlez moi d'amour, Mondschein* und allem, was einen Japaner im Hilton von Rotterdam, fern von Frau und Kindern, zum Weinen bringt. Elfenbeinfinger auf Elfenbeintasten, die kleinen Hände und der große Cellobogen, das Lächeln, das die Mädchen sich gegenseitig zuwerfen und das jeweils für einen ganz kurzen Moment in der Luft hängenbleibt, bevor es in die Augen der anderen stürzt, es ist fast zuviel, nein, es *ist* zuviel, und in einem der zigtausend Zimmer weine ich mich mit dem Zugfahrplan und dem Fernseher in den Schlaf.

Am nächsten Morgen verirre ich mich trotzdem noch dreimal auf dem Bahnhof von Osaka. Es fahren verschiedene Züge nach Kioto, aber ich habe nicht verstanden, welche *Art* von Zug ich nehmen muss. Ängstlich »Kioto« rufend, werde ich in einem Schwall in den Superexpress geschwemmt. Aus den Lautsprechern dringen beruhigende Stimmen, die mich aber gerade aufregen, weil ich sie nicht verstehen kann; während unten noch Schilder nach Kioto standen, kann ich hier auf dem Bahnsteig plötzlich nichts mehr lesen, aber der Zug ist bereits abgefahren, als Sardine zwischen Sardinen werde ich mit (wie es heißt) dreihundert Kilometern pro Stunde in die Landschaft geschleudert – ich hatte mir diese Pilgerfahrt ganz anders vorgestellt. Und das letzte, was ich will, geschieht: Zwei picklige achtzehnjährige amerikanische Zeugen Jehovas trösten mich und sagen, dass man sich an alles gewöhnt und dass ich wirklich im richtigen Zug sitze und dass alles von selbst geht, wenn man erst mal ein paar Monate hier ist, aber ich *habe* keine paar Monate, ich bin Schwede und zum erstenmal in Athen, ich möchte dort zaghaft, in ehrfürchtiger Stimmung ankommen, um den halben Globus bin ich dieses Moments wegen geflogen, verschüchtert wie ein Korpsstudent im ersten Semester möchte ich zögernd, zaudernd das *echte* Japan (Nippon, sagte Couperus noch) betreten, und mit Bitterkeit denke ich an den großartigen Anfang von Kawabatas Roman *Schönheit und Trauer,* in dem die Hauptfigur, Oki Toshio, ganz allein am letzten Tag des Jahres nach Kioto reist: »Gleich darauf kam kalt ein heller Schimmer aus einer sichelförmigen Lücke in den schwarzen Wolken und verlosch lange nicht …«, aber ich sehe keine Landschaft und keine Wolken, ich spüre nur die Geschwindigkeit und den Druck menschlicher Seelen auf meiner Seele, schaukle in der weichen, protestlosen Masse mit, schließe meine Poren, Augen, Ohren und spüre in den abgeriegelten Bezirken meines Gehirns Visionen der Tempelstadt nach, die ich gleich betreten werde, aber auch das tritt nicht ein, denn dieselbe Menge, die mich jetzt umringt, bleibt bei mir und um mich herum, strömt mit mir auf den großen Bahnhofsvorplatz und geht über in andere, dort bereits wogende Mengen zwischen Bussen, Taxis, Straßenbahnen, zieht auf tempellosen Trottoiren an Kaufhäusern ohne Vergangenheit, seelenlosen Souvenirs und Ansichtskarten vorbei, die Ansichten versprechen, die ich nicht sehe.

Der Reiseführer sagt es selbst noch einmal unerbittlich: »Kioto kann man genausowenig in ein paar Tagen ›kennenlernen‹ wie Rom oder Florenz« – doch mit einem Kopf, so leer wie eine Botanisiertrommel, fange ich einfach bei dem Tempel an, der dem Bahnhof am nächsten liegt, dem Higashi-Hoganji-Tempel. Ich schlendere über das weite Tempelgelände, erlebe meine eigene Verzwergung zwischen den hohen hölzernen Formen, mein eigenes Fremdsein zwischen den ehrfürchtigen anderen, lese die Geschichte des Tempels, die ich später wieder vergessen werde, lausche dem leisen Schlurfen bestrumpfter Füße auf den gelblichen Schilfmatten, sehe die alten Seile aus Frauenhaar, sehe die Holzschnitzereien an der Decke, die hohen, aus einem Stück gefertigten polierten Säulen, die Farben Rot, Gold und Schwarz, rieche den Duft des Weihrauchs, schaue auf die vor einem Priester mit flatternden Ärmeln knienden Menschen, erfahre die Weihe des von der Welt abgesonderten, nicht mit Welt gefüllten Raums und bleibe gleichzeitig drinnen und draußen. Erinnere ich mich jetzt an diesen Tempel? Nein, nach diesem Tempel bin ich noch in vielen anderen gewesen, aber sie haben sich zu einem Wald von Tempeln vermischt, zu nicht mehr zueinander gehörenden Ansichten geschwungener Dächer, Orgien goldener Holzschnitzereien, mythologischer Gestalten und Götterköpfe, deren Bedeutung ich aus meinem Führer gelernt habe, damals, für den Moment, die mir aber als Wissensdetail ebenfalls wieder entschwunden und nur als Idee geblieben ist, als Gedanke von Japan, genauso wie rings um diese Tempel eine Idee von Stille geblieben ist, von nicht deutbarem Alter, von etwas, das zurückweicht, je näher man kommt. Mein Lerneifer hat etwas Albernes und auch Verzweifeltes an sich – Epochen, Herrscher, Anspielungen, Baujahre, Sekten, Kenntnisse, die sich wieder verflüchtigen werden, weil man sich selbst von dem Ort entfernen wird, an dem diese Kenntnisse sichtbar sind. Bereits nach diesem ersten, nicht einmal besonders bedeutenden Tempel flüchte ich mit meinem neuen, chaotischen Bilderschatz in einen Garten. Die »Natur« kann ich wenigstens verstehen. Die Bäume sind sich dessen bewusst, dass sie japanische Bäume sind, sie stehen da wie Malermodelle, gefällig und voll zurechtgemacht, die Azaleen sind gemalt, die Fächerpalme gedichtet, das Wasser raunt an den moosbewachsenen Steinen entlang, der Holunder, die Magnolie spiegeln sich darin, hier gibt es keine Geheimnisse, hier kostet es nichts, mich exotisch zu fühlen, Mann auf Bogenbrücke vor Blauregen, wenn die Kamera nicht scharfgestellt ist, bin ich jemand anders.

So bin ich in diesen Tagen zum Pendler zwischen Osaka und Kioto geworden. Täglich fahre ich mit dem Hotelbus zum Bahnhof, kaufe die *Mainichi Daily News* und frühstücke irgendwo in den großen Hallen. Heute gibt es ein Jazzkonzert in der Sankei Hall, ein Keiko

Abe Marimba Recital in der Kosei Nenking Kaikan medium-size hall, das Orchestre Philharmonique de Strasbourg spielt die Vierte von Brahms, und ich sitze im Bahnhofswartesaal von Osaka an einem braunen Resopaltisch, esse braune Bohnen und salzige Pflaumen und werde von lauten Wiener Walzern umspült. Zwischen den Zügen picken Männer mit armlangen Chromzangen Abfälle und Kippen von den braunen Steinen zwischen den Schienen. Ein beigegekleideter Teenager setzt sich neben mich. Sie hat eine Tasche mit zwei Postern und der Platte eines Popstars. Ihr Gesicht ist so ebenmäßig, dass man meinen könnte, jemand hätte es in Quadrate aufgeteilt und erst danach wären Nase, Mund und Augen eingesetzt worden. Sie trägt weiße Socken, beige Turnschuhe, eine blaue Armbanduhr und ein beiges Twinset. Wenn sie so alt ist wie ich, gibt es doppelt so viele Züge, denke ich, und hoffe einen Moment lang, sie werde sagen: »Das werden wir noch sehen«, aber eine andere Stimme als die meine hat sie aufgerufen, und gleich darauf verschwindet sie unter der Erde mit der Bewegungslosigkeit von Menschen, die auf einer Rolltreppe stehen.

Was ist mir von Kioto am deutlichsten in Erinnerung geblieben, abgesehen von Kioto selbst? Ein nichtssagendes und doch alles sagendes Bild. Auf meinen Spaziergängen durch die ruhigen, kleinen Straßen fernab der belebten Hauptverkehrsadern stoße ich eines Tages auf einen kleinen Tempel, den ich in meinem Führer nicht finden kann. Die Atmosphäre erinnert entfernt an die eines französischen Dorfs am Sonntagnachmittag. Ein Kind hantiert mit Knallfröschen, ein Vater spielt auf der Straße Tischtennis mit seinem Sohn, und dann tritt plötzlich aus einem der kleinen niedrigen Häuser eine Braut. Sie ist so weiß geschminkt, dass ihr Gesicht eine Maske geworden ist, das schwarze Haar quillt aus diesem weißen, gepuderten Kopf in einer Brancusi-artigen Konstruktion sich blähender, bauschender Bahnen in die Höhe, der zeremonielle Kimono steht steif vor Goldbrokat, und die kleinen schneeweißen Hufe darunter machen Schlurfschrittchen über den Asphalt. Weibliche Familienangehörige helfen ihr beim Gehen, Männer im Cut fotografieren, doch dann gibt es Probleme: Ihre Frisur ist zu hoch, die Braut passt nicht senkrecht in den Mercedes und wird nun schräg hineingeschoben, nachdem zuvor der Einfallswinkel so errechnet wurde, dass die Frisur keinen Schaden erleidet. Einmal schaut sie in meine Richtung mit zwei funkelnden schwarzen Jettsteinen im faltenlosen Weiß, und ihr Gesicht erinnert mich an ein Portrait von Kunisada aus der ersten Hälfte des vorigen Jahrhunderts *(A Woman of Edo)*. Das Gesicht eine einheitliche Fläche, in der der kleine Mund eine winzige, feuerrote Öffnung bildet, die Nase lang und idealisiert mit einem einzigen federdünnen Strich, und auch hier diese schwarzen, leicht schrägstehenden, edelsteinartigen Augen unter der gleichen manieristischen Haarpracht. In wenigen Sekunden ist alles vorbei, und erst dann sehe ich den Tempel. Außen stehen ein paar Schalen mit Fisch, ein Opfer, drinnen sitzt ein sehr kleiner Holzbuddha in einem viel zu großen Sessel, an einem Seil hängt ein großer Gong, und auch auf der rechten Seite des Bauwerks sitzt ein Buddha, die Holzaugen auf einen Punkt am Boden gerichtet, den niemand sehen kann, das Lächeln eines allem Entrückten, der kleine Mund so geformt, als könnte ihm jeden Moment eine goldene Seifenblase entquellen. Eine alte Frau steckt ein Räucherstäbchen in ein Gefäß, in dem bereits ein paar andere glimmen. Sie bleibt kurz davor stehen und schlurft dann davon, ein nichtiger Augenblick auf einem nichtigen Platz, aber unvergessen.

Was ist dagegen ein allessagendes Bild? Nun, da ich es in meinem Übermut erwähnt habe, muss ich es auch beweisen. Ich sitze in dem berühmten Garten (natürlich sitze ich da nicht mehr wirklich, aber wer einmal dort gesessen hat, sitzt für alle Zeit da), dem Steingarten des Ryoanji-Tempels. Der Garten bildet ein Rechteck, dreißig mal zehn Meter. Das »Bett« besteht aus grobem weißen Sand, und darin liegen fünfzehn Steine: eine Siebener-, eine Fünfer- und eine Dreiergruppe. Ein wenig Moos. Und das ist alles. Alles? »Die Anlage ist so schlicht«, sagt mein deutscher Reiseführer betreten, »dass nur Eingeweihte der Zenphilosophie ihren Sinn erfassen können.« Als Harry Mulisch vor einigen Jahren hier war, kam, höchst gelegen, ein Zenmönch vorbei, um mit ihm über die »Bedeutung« des Ganzen zu orakeln, ich aber muss ohne Erleuchtung auskommen und sitze im Dunkel meines westlichen Seins zwischen einigen anderen Betrachtern auf dem Bretterboden unter dem Dach des Kosmos und schaue. Wer einmal die Tür einer Religion leise hinter sich zugezogen hat, ist meist nicht gleich bereit, seine weggeworfenen alten Werte gegen einen neuen Satz Mythen und Mysterien einzutauschen, und trotzdem geht von diesen paar Metern kahler Erde eine Verzauberung und geheimnisvolle Herausforderung aus, der man sich schwer entziehen kann. Das, denke ich, kann man sich eine Minute lang anschauen oder eine Stunde oder einen Tag, und manche ihr ganzes Leben lang. Je länger ich sitzen bleibe, desto unbeschreiblicher wird das Gefühl, das mich beim Betrachten erfasst – als ob ich hineingesogen, leicht darüber schweben würde, als ob ich, körperlich, selbst zu diesem Garten würde. Ich merke, dass ich nicht fort will, dass ich mich umdrehe, wieder zurückkehre, mich wieder hinsetze. Und jetzt, so lange danach, zurückgekehrt in ein anderes räumliches und zeitliches Jetzt, sitze ich in meinem Zimmer vor einer gewöhnlichen, unaufrichtigen, etwas fehlfarbenen und aus der falschen Ecke aufgenommenen Ansichtskarte und spüre, wie über alle Verfälschung und Entfernung hinweg dieser Garten sanft an mir zerrt.

Andere Tage, andere Gärten. Flammende Azaleen, dressierte Bäume, an denen jeder Ast komponiert, jedes Blatt von einem kaiserlichen Blätterzähler gezählt ist. Goldfische und Karpfen fächeln im schwarzen Wasser, in dem sich ausladende Schirmkronen unbekannter Bäume spiegeln. Violett, Rot, Orange, die frühen Feuer des Sommers. Ich begebe mich nach Shishendo, dem Haus der Dichter, wo sechsunddreißig fade Dichterportraits vergeblich versuchen, die Namen dieser fernen, abwesenden Kollegen festzuhalten, während draußen die echten Dichter – Enten, Seerosen und Frösche auf großen Blättern – im Licht des Spätnachmittags an ihrem Œuvre arbeiten. Vor Jahrhunderten hat jemand »gesehen«, wie all diese Schattierungen von Grün wirken würden, all die Wölbungen und Schraffuren in der Gartenlandschaft, Wucherndes neben Getrimmtem, Stehendes neben Liegendem, Wolliges neben Scharfumrissenem. So würden Wolken aussehen, wenn sie Sträucher wären, so sehen diese Sträucher folglich aus: wie grüne Wolken, erstarrt und dann wieder flüchtig, geronnen und dann wieder verschwommen, dahinziehend, und dazwischen auch wieder die Leidenschaft der Azaleen, gedämpft durch die kühlen, lichten lila Schleier des Blauregens.

Nara, Japans politisches und kulturelles Zentrum zwischen dem sechsten und achten Jahrhundert. Wie immer komme ich also zu spät, aber es ging nicht früher. Damals wurden noch keine blauen Plastikhirsche auf Rädern verkauft, damals wurden die Riesenfiguren der Wächterkönige am Tempel noch nicht mit Segeltuch vor den Tauben geschützt. Frivole Gedanken verfliegen allerdings schnell in dieser Schatzkammer mit dem tausendfachen Gesicht Buddhas. Man braucht nur eine Stunde vor dem großen Buddha im Todaiji-Tempel zu stehen, und das Lachen vergeht einem für immer. Er lacht übrigens auch nicht, zumindest habe ich diesen Eindruck. Er erschlägt mich, er verzwergt jeden mit seiner Höhe von über sechzehn Metern, seinem drei Meter breiten Gesicht, seiner ehrfurchtgebietenden Hand, die beschwört oder abwehrt. Um seinen Kopf schwebt er selbst, viele Male, in klein, in Gold. Auf dem Altar, dicht vor den gekreuzten Beinen dieses göttlichen Hagiosaurus, steht eine riesige Lotusblüte aus Bronze und eine Schale mit hoch aufgetürmten Orangen. Kerzen werden angesteckt, Weihrauch wird entzündet, der tiefe bronzene Klang eines Gongs vibriert in meinem Zwerchfell, aber ich stehe da, wie angewurzelt, und schaue auf das merkwürdig »Platte« dieses

Gesichts, die großflächigen Wangen, auf die das Licht fällt. Je länger ich hinschaue, um so mehr sehe ich, um so mehr entgeht mir, um so weniger sehe ich. Was bedeutet was? Wer sind diese pflanzengroßen Schmetterlinge aus Bronze auf der Lotusblüte, wer sind diese Wächter in ihren laokoontischen Posen, die mit ihren herabgezogenen Mundwinkeln, den schwingenden, wehenden Gewändern zu leben scheinen? Natürlich schlage ich nach, und natürlich vergesse ich es wieder, denn in mir ist kein Raum, um all dieses Wissen festzuhalten, das bald irgendwo hoch oben auf dem Weg nach Alaska aus mir zurückfliegen wird nach Nara, zurück zu diesen Figuren, zurück zu diesem Buddha, dessen Fuß größer ist als mein ganzer Körper. Irgendwo, irgendwann, unter all diesen Vergrößerungen, im innersten Kern dieser Bronze, war dies *jemand,* keine immer größer und fremder werdende Figur, sondern ein Mensch, der auf der Erde herumlief und etwas tat und sagte, ein Mensch, dessen Essenz sich jetzt zu dieser unnahbaren Masse Bildhauerwerk verformt hat, diese in ganz Asien zu Millionen Formen und Größen erstarrte *Figur.* Rätsel … »Ich war traurig und beinahe ängstlich in dieser Nacht«, schreibt Couperus in einer Episode seiner *Japanischen Streifzüge* über den Daibutsu in Kamakura. »Auch jetzt, im Dämmerlicht eines aufgeklarten blauen Sommernachtshimmels (…) blieb das Entsetzen vor dieser der Erde entstiegenen Ungerührtheit, vor diesem Götterantlitz, das zum Antlitz des stillen, ewigen Traums geworden war, der nie mehr erwacht in dieser Welt. Und grausam fand ich die Gesetze des Karmas über die Welt und die armen Wesen, die nie um ein Leben nach dem Leben baten.«

Es regnet im Wald von Nara. Ich habe eine Tempelanlage hinter mir gelassen, gehe ohne Ziel, allein, der Regen tickt auf meinen Schirm, es ist sehr schön. Zum erstenmal, seit ich in Japan bin, wandere ich durch einen richtigen Wald. Unter den hohen reglosen Zedern stehen Hirsche zum Schutz vor dem Regen. Plötzlich, hinter einer Biegung des Waldwegs, taucht eine kleine Pagode vor mir auf. Die Gitter sind leuchtend rot gestrichen. Ein paar steinerne Löwen stehen herum, ein paar steinerne Laternen, der Regen strömt über das weichgeschwungene Dach und tröpfelt helltönend in einen steinernen Brunnen. Das ist alles. Ich brauche meinen Führer nicht hervorzuholen, ich brauche gar nichts, setze mich unter ein Dach und lausche dem Regen und fühle mich zufrieden. Ein alter Herr mit durchsichtigem Plastikschirm kommt an der Pagode vorbei, zieht den Hut, verneigt sich tief und geht weiter. Ich muss an meinen vor langer Zeit verstorbenen katholischen Stiefvater denken, der vor jeder Kirche den Hut abnahm, weil schließlich Gott darin wohnte. Wenn es wahr ist, denke ich, dass Geister sich frei bewegen können, dann sitzt er jetzt vielleicht zusammen mit ein paar japanischen Geistern auf diesem Dach und schaut zu mir herüber, unberührt vom Gluckern und Tschilpen der Regentropfen auf allen *realen* Gegenständen. Vielleicht sind diese Wassergeräusche aber auch Reinsonationen entschwundener Menschenstimmen, wer kann das schon sagen.

Am selben Nachmittag gerate ich beim ziellosen Umherstreifen in einem Vorort in ein Fest. Schon von weitem höre ich Trommeln und Schellen. Als ich näher komme, sehe ich auch Glocken auf langen Stielen, vier oder fünf Meter hoch, getragen von Kraftprotzen. Wieder andere tragen eine glockenbehängte goldene Sänfte, in der sich ein »Wilder Mann« befindet, fast nackt bis auf ein rotes Lendentuch. Wie Shinto-Priester aussehende Männer mit seltsamen lackierten Kopfbedeckungen, die mit einer Kordel unter dem Kinn zugebunden sind, begleiten die Prozession. Weißgekleidete junge Männer in kurzen Hosen werfen die Sänfte immer wieder hoch, einige Männer tragen flache Schilfhüte, andere schwarze Kimonos, ich kann mir keinen Reim darauf machen, aber die Stimmung ist fröhlich, fast schon ausgelassen, es wird gelacht, gesungen, gebimmelt und getrommelt. Die Bäume sind mit weißen Schleifen geschmückt, Schuljungen setzen sich zu mir, Männer in grauer, grober Tracht bieten mir Sake an, der viel stärker ist als der, den ich bisher getrunken habe – aber all meine Versuche, dahinterzukommen, was da eigentlich vor sich geht, sind zum Scheitern verdammt, denn keiner spricht Englisch. »Zwei ist eins und eins ist zwei«, ist ein beliebtes Sprichwort im Osten, um den uns so fremden Parallelismus, das auf unklare Weise verwobene Nebeneinander zweier großer Religionen wie des Schintoismus und des Buddhismus in Japan zu erklären, während uns schon der Gedanke schwerfällt, dass das, was wir anbeten, weniger wichtig sein könnte als der Zustand, in dem man betet. Einer der Jungen kann nach langem Drängen seitens der anderen offenbar doch etwas Englisch, aber als ich ihn frage, was da eigentlich vor sich geht, sagt er: »I am not religious«, was mir nun auch nicht viel weiterhilft. Später, nach einer Rundfrage, stellt sich heraus, dass es mit einem Gott namens »Mikos« zu tun hat, doch ein höheres Wesen mit diesem griechischen Namen kann ich in keinem einzigen Handbuch der japanischen Mythologie finden.

Die ganze Gruppe stellt sich als Tableau vivant vor der Brüstung auf, die zu einem kleinen Heiligtum führt. Hermans'[7] blinder Fotograf kriecht hinter seinen hölzernen Riesenapparat und versteckt sich unter dem Samttuch. Ganz vorne steht eine Gruppe kleiner Mädchen mit goldenen Krönchen, ganz hell und hoch mit spiegelnden goldenen Flächen, und so, mit einemmal befangen, werden sie auf die Platte gebannt; der Ernst, für alle Zeiten in einem *Bild* festgehalten zu werden, lässt ihre fröhlichen Gesichter erstarren und zu Fotogesichtern werden, in denen sie ihr innerstes Wesen sammeln, um für immer so bewahrt zu werden, wie sie ihrer Meinung nach sind, oder, noch schlimmer, diese grässliche Verfälschung der Fotografie, um zu werden wie der Urenkel von jemand, der diesen Text liest, sie im Jahr 2053 auf einem alten Foto vorfinden wird, das er an einem Stand an der Seine kaufen wird.

»Keinesfalls«, sagt der Große Polyglott drohend, »versäumen darf man die Fahrt zu dem etwa 9,5 km südlich der Stadt gelegenen Horyuji-Tempel«, dem ältesten Japans. Ich nehme ein Taxi und sage in jeder nur erdenklichen Aussprache, einschließlich aller eventueller Dialektformen »Horyuji«: hoch und tief, langgedehnt, befehlend, flehend, bäurisch, mit Den Haager, Limburger, Amsterdamer Akzent, aber auf dem gegerbten Indianergesicht des alten Chauffeurs zeigt sich kein Erkennungsschock. Immerhin setzt er seinen Toyota in Bewegung und eilt mit mir aus der Stadt. Schon bald befinden wir uns auf einer schmalen Landstraße, Reisfelder zu beiden Seiten, gebückte Bauern, Bänder grüner Bäume schweben am Horizont vorbei, kein Tempel in Sicht, aber ansonsten ist alles sehr nett. Von Zeit zu

Zeit wiederhole ich leise Horyuji (»ji« bedeutet Tempel), aber es erfolgt keine Reaktion, ich versuche, ganz östlich, mich auf mein Innerstes zu konzentrieren, aber dort ist niemand, und das Bild des Tempels weicht in derselben Geschwindigkeit, mit der wir fahren, vor uns zurück. Erst nach einer Stunde sind wir am Ziel, ich bereite mich auf den Halsabschneiderbetrag vor, der jetzt von mir verlangt werden wird, doch der Chauffeur, in ebenso großer Panik wie ich, gibt mir zehnmal soviel zurück, wie ich ihm gebe, das war also nicht richtig, so dass ich ihm das Zuviel wieder zurückgeben will, aber das will er nicht, weil er denkt, ich wolle ihm ein lächerliches Trinkgeld geben. Dann nehmen wir als Freunde Abschied, und erst als er wegfährt, merke ich, dass alles geschlossen ist. Ich bin allein. Aus der Ferne kriecht sanftes Dämmerlicht näher, die Tore sind geschlossen, ich sehe die Wächterkönige mit gewundenen Girlanden kämpfen, die sich, bizarr wie Glyzinienstämme, um ihre Körper schlingen, ich schaue in den stillen Tempelhof und denke: Das ist also der älteste Tempel Japans, und empfinde nichts dabei oder, besser gesagt, ich empfinde nichts, weil dieser Tempel alt ist, es ist viel eher die »Weihe« des Ortes, die mich wie ein Schauer überkommt. Ich starre auf die moosbewachsenen Steine, die achteckige Halle der Träume (Yumedono), die Steinstufen, das Holzgitterwerk, ich *möchte* etwas empfinden, weil dieser Tempel im Jahr 739 erbaut wurde, doch sein Alter ist aufgrund meiner mangelnden Sachkenntnis nicht sichtbar, meinetwegen hätte es genausogut 1239 oder 1739 sein können, was bleibt, ist lediglich die Vollendung, die sichtbare Schönheit der Form und Konstruktion. Prinz Shotoku kann für mich kein Lorenzo di Medici werden, ich kann nur an der Außenseite all dieser Dinge bleiben. Hinter dem achteckigen Wunder sehe ich plötzlich einen ulkigen alten Mann, der mit einem Begonientopf den Platz überquert. Ich rufe etwas, und er grinst mir mit zahnlosem, römischem Theaterlachen zu, und dann gehe ich zurück und setze mich zu einem wasserspeienden Drachen, trinke von dem Wasser und mache mich auf den Weg dorthin, wo meiner Ansicht nach das Dorf liegt und wo der Bahnhof sein muss, aber es ist nicht mein Tag, ich habe mein Wörterbuch nicht dabei und finde mich auf einem Platz zwischen drei Männern wieder, die höchst interessiert zusehen, wie ich einen Zug zu imitieren versuche. Da stehe ich also, dreiundvierzig Jahre alt, rufe tschuketschuke, gdung gdung, aber nichts nützt, Steeschen, Station, rein gar nichts, und entmutigt trotte ich die Hauptstraße entlang, genau in die falsche Richtung, wie sich später herausstellt. Jeder Japanreisende wird es kennen, dieses jämmerliche Gefühl völliger Hoffnungslosigkeit, wenn sich menschliche Wesen voll guten Willens gegenüberstehen, die sich trotzdem nicht verstehen können; das Wörterbuch vergessen, kein Bleistift zur Hand – stumm wie eine Ziege zwischen artikulierten Wesen zockelt man dann in die falsche Richtung, nimmt den falschen Bus und dann auf dem falschen Bahnhof den richtigen Zug, so dass man, in Bussum in den Bus nach Amersfoort eingestiegen, einige Stunden später doch noch daheim in Amsterdam anlangt oder, wie ich, schließlich wieder in Osaka.

Meine goldenen Tage im Royal Osaka Hotel sind vorbei, Kioto und Nara versinken langsam im Pleistozän, in dem ich das Gute, das Wahre und das Schöne für spätere, kältere Zeiten bewahre; jetzt liege ich im Hafen von Kobe und sehe die schwarzen Schalen der Weltschiffe, die *Fountain Azalea*, die *Sanshin Victory*, die *Ivan Vazov*, die *Sam Jung* und die *Mayo Maru*.

Kobe liegt an grünen Hügeln, die schwarzen Schiffe schaukeln im grauen Wasser, das Schiff, mit dem ich abreisen werde, wartet auf den Abend, und es ist Abend, als wir nach Süden fahren, und Nacht, als ich, allein an Deck, sehe, wie die sanften Formen von Inseln in der Inland Sea von dem silbrigen Halbmond beschienen werden, und wie das Wasser, weiß und wild aufschäumend hinter unserem Schiff, eine Spur in das Meer schreibt, das gleich mit schwarzer Tusche übermalt wird.

Mai, Juni, Juli 1977

1 Binnenhof: Ort des niederländischen Parlaments.

2 Vgl. das Nachwort von Dr. C. Ouwehand zur niederländischen Übersetzung des Romans *Die schlafenden Schönen* von Yasunari Kawabata.

3 Idem, siehe auch: Ivan Morris, *Samurai oder Von der Würde des Scheiterns,* Frankfurt/Main 1989.

4 Vgl. Ruth Benedict, *The Chrysanthemum and the Sword,* Tokio 1954.

5 Vgl. Takeo Doi, *Amae. Freiheit in Geborgenheit,* Frankfurt/Main 1982.

6 Louis Couperus (1863–1923): niederländischer Schriftsteller. Sein Werk wurde in 15 Sprachen übersetzt.

7 Willem Frederik Hermans (1921–1995): niederländischer Schriftsteller, Lyriker und Romancier.

Zuihitsu

»SEIDENBROKAT AUS CHINA. Ein Säbel, dessen Scheide verziert ist. Die Holzäderung einer Buddhastatue. Ein verdorrter Kieferbaum, dessen Zweige von Glyzinien umklammert sind. Trotz seines niedrigen Ranges ist ein Kammerherr des sechsten Rangs etwas Prächtiges. Wenn man sich vorstellt, dass es ihm gestattet ist, gelbgrüne Mäntel aus Stoffen mit Darstellungen zu tragen, die noch nicht einmal junge Edelleute tragen dürfen (…).«[1]

Dort war ich stehengeblieben, und das bei Kerzenschein, das Rauschen der Brandung wie eine Beifallsbekundung von fern. Von Singapur aus war ich mit dem Bus nach Malaysia gereist, bis zu einem Ort an der Küste, von wo ich mit einem kleinen Fischerboot nach Pulau Tioman gelangen konnte. Die Fahrt zu der Insel über das glatte Südchinesische Meer dauerte drei Stunden. Das Boot hielt an einem langen Steg im Meer, aber dort wollte ich nicht aussteigen. Jemand hatte mir von einem kleinen, weiter nördlich gelegenen Ort erzählt, wo es sehr ruhig sein sollte. So war es dann auch. Ein Strand, ringsum von Regenwald umgeben. Ein moslemischer Verwalter hatte dort ein paar Hütten hingestellt, und eine davon konnte ich bekommen. Eine Birne mit gelblichem Licht, die mal brannte und mal nicht, eine Matratze auf dem Boden, eine baufällige Veranda mit Blick aufs Meer, eine Gruppe Schulkinder aus Kuala Lumpur, die nach einem Tag wieder verschwand. Ein öffentlicher, mit einem Deutschen geteilter Waschplatz, der am anderen Ende des Strands wohnte und den ganzen Tag in einer Hängematte lag und las. Kein Dorf, nur ein paar Hütten bis dorthin, wo der brennende, schnarrende, gellende Wald wieder anfing. Kein Alkohol. Nächte von großer Stille, hitzeerfüllte Tage. Schwimmen mit der Taucherbrille über den Korallenriffen. Kokospalmen wie eine Säulenreihe hinter dem Strand. Nachts das Geräusch des Generators, doch das weiße Neonlicht, das ich in der Ferne am Steg sah, kam nicht bis in meine Hütte. Daher las ich draußen bei einer Kerze, die ich in eine selbstgetauchte Riesenmuschel (*Tridacna*) gestellt hatte, und was ich las, war das Tagebuch von Sei Shonagon, einer japanischen Hofdame aus dem zehnten Jahrhundert. So versuchte ich, Birma langsam aus mir verebben zu lassen und mich auf Japan vorzubereiten. Es waren nur wenige Tage. Ich wurde von einem Insekt gebissen, dessen Zeitbombe ich ein halbes Jahr in mir tragen sollte, aber das wusste ich damals noch nicht. Ich tat nichts, spazierte ein Stück weit in den Wald, bis es nicht mehr weiterging, saß unter Palmen und sah den Gezeiten zu. Vor allem nachts hatte ich das Gefühl, dass der Rest der Welt gar nicht existierte. Mehr Steine als dort kann es nirgends geben, die Kerze erhellte nur die nächste Umgebung, und so konnte ich mich der Vorstellung einer anderen Zeit und eines anderen Orts hingeben. Ich war nicht da, wo ich saß, ich beobachtete als unsichtbarer Gast das japanische Hofleben vor über tausend Jahren, eine Zeitreise. Dann kam der Tag, an dem ich mit dem Boot, das mich abholen kam, wieder abreisen musste. Ein Boot, ein klappriger Bus, ein Flugzeug. Jetzt (wir einigen uns darauf, dass es jetzt ist) fliege ich hoch über Asien nach Tokio. Langsam wird die braune Landmasse Chinas unter mir weggezogen. Ich finde die Stelle, an der ich stehengeblieben war … »ein Kammerherr des sechsten Ranges sieht prachtvoll aus, wenn er mit einem Kaiserlichen Befehl kommt oder wenn er die süßen Kastanien für das Bankett des Großen Rates hereinträgt. Wenn man sieht, wie alle sich ihm gegenüber verhalten, könnte man meinen, er sei aus dem Himmel gekommen …«. Ich schaue hinaus und denke, es ist verrückt, was ich tue. Warum soll die Lektüre der Aufzeichnungen Sei Shonagons mich auf ein Japan, tausend Jahre später, vorbereiten? Wenn ich die Augen schließe, weiß ich, was mich erwartet, die vulgäre Hektik Tokios, die mechanischen Mädchenstimmen in endloser Wiederholung im Flughafen und im Bus. Warum suchen, was es nicht mehr gibt? Das hatten wir doch schon mal?

Und dennoch, mit derselben Überzeugung kann man sagen, dass ein Land nicht immer wieder neu entsteht, dass es ein langes zeitliches und geschichtliches Kontinuum seit der Zeit des Kaiserlichen Hofs in Heian bis heute gegeben hat, dass die Geschichte Japans verschiedene Konstanten aufweist und dass das Alte einem hilft, das Neue zu verstehen. Und außerdem will ich auf dieser Reise nur so kurz wie möglich in Tokio bleiben, eher das Ländliche und Alte aufsuchen, einige Dinge wiedersehen, die noch schemenhaft durch meine Erinnerung geistern. In einem glänzenden Buch von Mark Holborn (*The Ocean in the Sand, Japan: From Landscape to Garden)* heißt es: »Die Lektüre von Sei Shonagons Tagebuch zeigt, wie sorgsam sich das Hofleben in Heian auf die Jahreszeiten einstellte und wieviel Bedeutung dem Kalender beigemessen wurde; die heutigen Feste lassen deutlich erkennen, wie stark diese Tradition immer noch ist. Aber es gibt einen weiteren Schlüssel zum Ursprung dieses Gefühls der Einheit mit der Welt der Natur, das seine Wurzeln in archaischem und intuitivem Wissen hat und sowohl den Lauf der Jahreszeiten als auch ihr Gleichmaß sehr deutlich zeigt. Dieser Schlüssel ist der Garten.« Ja, Gärten möchte ich sehen. Gärten und Landschaften. Ich will wandern. Und in dem Tagebuch lesen, das auf japanisch und deutsch »Kopfkissenbuch« heißt, *Makura no soshi*, »eine Art informelles Tagebuch, das Männer und Frauen schrieben, wenn sie sich abends in ihre Gemächer zurückzogen, und das sie in der Nähe ihrer Schlafstätte aufbewahrten, wahrscheinlich in den Schubladen ihrer Holzkissen, so dass sie es sofort zur Hand hatten, um Eindrücke festhalten zu können«. Das Kopfkissenbuch war der Vorläufer eines typisch japanischen Genres, das unter dem Namen *zuihitsu*, Gelegenheitsarbeiten, bekannt ist. Es hat noch immer viele Anhänger. Sobald ich in Tokio bin, werde ich ein Heft kaufen, um mein *zuihitsu* zu schreiben.

Regen und Wind, grauer Himmel, der Norden nach den Tropen. Nichts hat sich verändert. Noch immer die Stimmen, bei denen man sich nicht vorstellen kann, dass sie zu einem echten Körper gehören. Sie erzählen einem Uhrzeit und Ziel, gurgeln Willkommen und Abschied. Vielleicht gehört wirklich niemand dazu. Sie sind in jedem Bus und Zug zu hören, in allen Aufzügen und auf Bahnsteigen, in Flugzeugen und Bussen. Wer weiß, vielleicht haben sie hier eine Frau gebastelt, die sprechen kann und diese Botschaften für ganz Japan auf Band spricht. Eine Frau aus weichem Aluminium, mit Lippen aus Mikrochips und einer Blutbahn aus durchsichtigem Zelluloid. Die Stimme klingt nach Wasserfall und Pfefferminz, es ist eine Stimme, die weder fluchen noch alt werden kann. Während der Regen an die Fenster peitscht, lasse ich mich von ihr einspinnen. Der Verkehr ist knüppeldick, es dauert gut eineinhalb Stunden, bis wir im Zentrum von Tokio sind. Wir fahren am Kaiserlichen Palast vorbei, ich erkenne die hohen Wälle hinter dem Schlossgraben und die ebenfalls hohen Tore, durch die ich *ein*mal, am Geburtstag des Kaisers, gegangen bin. Die Gebäude hinter den Toren sind schemenhaft, der Regenschleier verbirgt sie. Irgendwo in dieser schwimmenden Arche haust der uralte Abkömmling der gut zweitausend Jahre alten dynastischen Gottesverehrung. Sei Shonagon hätte sich gefreut zu wissen, dass es tausend Jahre später noch immer einen Kaiser gibt, auch wenn er kein Gott mehr ist. Siebenundzwanzig Millionen Menschen leben in einem Umkreis von dreißig Meilen um den Palast, sagt die perlende Mädchenstimme. Als ich aussteige, kommt einer dieser siebenundzwanzig Millionen Menschen mit weit ausgebreiteten Armen auf mich zu und stürzt dann wie ein angeschossener Stier zu Boden. *Saturdaynightfever.*

*

Das seltsame Leben eines Korrespondenten. Ich selbst bin nur ein flüchtiger Ausländer, ich schwebe und schweife vorbei. Karel van Wolferen[2] (»Wofurun« in Japan) lebt hier schon seit fast zwanzig Jahren. Er ist Korrespondent des *NRC/Handelsblad*, und ich kann bei ihm wohnen. Irgendwann einmal hat er mein Buch *Das Paradies ist nebenan*[3] gelesen, was ihn dazu veranlasst hat, wie die Hauptfigur loszuziehen, nur weiter weg. Was aus der Hauptfigur des Buchs geworden ist, wissen wir nicht, Karel jedenfalls ist nie mehr zurückgekehrt.

Er wohnt in einem Haus mit Garten, was in diesem Land der halben Meter ein großer Luxus ist, und hat eine japanische Liebste und einen vornehmen Hund namens Philo. Nichtsdestotrotz ist Philo eine Dame, und Karel besteht darauf, dass man von *ihr* spricht. Philo ist ein Chow-Chow, steht gut im Futter und ist im Besitz eines prachtvollen Pelzmantels, es ist ein Vergnügen, mit ihr spazierenzugehen. Ich schlafe auf dem Boden auf und unter einem Futon, ich weiß nicht, wie man dazu sagen soll. »Eine transportable Menge Bettzeug«, meint Angela Carter, und dabei will auch ich es belassen. Es ist kalt, also halte ich meine Sei Shonagon so, dass nur die Fingerspitzen aus dem Deckbett lugen – wenn ich überhaupt dazu komme, denn Karel versorgt mich ständig mit allen möglichen Ausschnitten aus englischsprachigen japanischen Zeitungen, oft böse rot unterstrichen, wenn er anderer Meinung ist. Japan ist seine Passion, auch wenn er das vielleicht so leicht nicht zugeben würde. Er ist der Ansicht, dass Japan die Welt nicht versteht und die Welt Japan nicht, und danach sieht es tatsächlich aus. Jeden Morgen, manchmal bereits zu sehr früher Stunde, treffe ich ihn murmelnd und unterstreichend an seinem großen, mit *The Japan Times* und *The Mainichi Daily News* bedeckten Tisch an. Und trotzdem, *da capo*, ist es ein seltsames Leben. Das Land, für das man arbeitet, wird abstrakt, die einzige Verbindung sind im Grunde die Zeitung und die wenigen Besucher, die nach Tokio kommen. Was man schreibt, verschwindet in einem Loch, und oft ist es wohl schwierig, die Wirklichkeit, die einen so prall umgibt, so weiterzuvermitteln, dass man das Gefühl hat, daheim verstehen sie es. Im Falle Japans ist dafür zudem ein gerüttelt Maß an Exegese erforderlich. Was offiziell gesagt wird, ist oft etwas anderes als das, was gemeint ist, und die Gesellschaft ist so andersartig zusammengesetzt, dass sogar so explizite Begriffe wie »Premierminister« hier eine völlig andere Bedeutung haben. Das alles verdaue ich morgens beim Frühstück und dringe so täglich ein kleines Stück weiter in das Mysterium ein. Oft habe ich das Gefühl, einer Vorlesung über kanonisches Recht oder einen Nebenzweig der Quantentheorie zu lauschen, aber ich gebe mir alle Mühe. Abends nimmt Karel mich manchmal mit, wenn er in der Umgebung japanisch oder mongolisch essen geht, dann brauche ich nicht zu denken, höre nur zu, wie er in sonorem Japanisch mit dem Besitzer die Speisenfolge bespricht, und rutsche vom Hock- in den Hängesitz wie ein richtiger Barbar.

»Im Frühling der Tau.«[4] So beginnt Sei Shonagons Kopfkissenbuch und damit eine ihrer berühmten »Reihen«. Es ist ein elliptischer Satz,[5] der gelesen werden muss als »im Frühling ist es der Tau, der am schönsten ist«. Sie fährt fort:

»Wenn die Grate der dunklen Bergmasse in rosigem Licht erglühen und purpurne Wolkenschleier gemächlich davontreiben.

Zur Sommerszeit erwähle ich mir die Nacht. Muss ich an den wechselnden Mond erinnern, an den schimmernden Tanz der Leuchtkäfer? Selbst wenn draußen der Regen rauscht, ist das Dunkel einer Sommernacht köstlich.

Im Herbst ziehe ich die Abendstunden vor. Die untergehende Sonne ist eine Pracht und Herrlichkeit ohnegleichen. Die fernen Bergketten sind nahe gerückt. In kleinen Gruppen fliegen die Raben zu ihren Schlafstätten. Unvergesslich bleibt eine Kette von Wildgänsen am fernen Himmelsrande. Endlich beginnt das leise

Wehen des Abendwindes und das unaufhörliche Zirpen der Zikaden.

Winter und fallender Schnee sind eins. Dann liebe ich die sehr frühen Morgenstunden (…).«

Nichts daran ist veraltet. Ich habe reichlich Gelegenheit, darüber nachzudenken, während ich auf meiner *tatami* liege. Es ist kalt, das spüre ich. Hinter den Reispapierfenstern sehe ich den Schatten der Bäume im Garten. Wer so tief liegt, muss morgens die Welt von unten her aufbauen, das ist der Vorteil. Für Japaner ist die Natur begeistert, und zwar ganz wörtlich. In Bäumen, Bächen und Hügeln hausen Götter, Geister, Seelen. Dieses Land hat eine mystische Beziehung zur Natur, nirgends besser erkennbar als in den Zen-Gärten. In den Gärten von Versailles oder, in kleinerem Maßstab, von Schloss Belvedere in Wien fällt der Unterschied erst richtig auf. Wir haben die Natur wie einen Feind behandelt, der bezwungen werden muss, der seine Unterwerfung demonstriert wie ein zur Inspektion angetretenes Regiment in einer vollkommenen und ungemein übersichtlichen Symmetrie, die am besten von der Freitreppe aus wahrzunehmen ist: gestutzte Bäume, in Schlachtordnung getrimmte Sträucher. Hier ist die Symmetrie ein Fluch, und sei es nur deswegen, weil sie in der Natur nicht vorkommt. Etwas, das selbst eine Kraft ist, eine Seele besitzt, kann man nicht zu geometrischen Formen verstümmeln, man kann diese Kraft allenfalls steigern, indem man sie in sehr kleinem Maßstab imitiert. Dann werden Steine zu Hügeln und Bergen, dann wird der geharkte Kies zu einem Meer oder See, dann kann schon ein Kleebüschel wie im ehemaligen Kaiserlichen Palast zu Heian (Kioto) zu dem Symbol werden, das wie kein anderes den ewigen Rhythmus des Wechsels in der Natur darstellt. Diesen Garten gibt es noch immer. Ein Teil des Palastes heißt Seiryoden (das Kühle und Heitere Gemach). Ein kleiner Fluss läuft unter ihm hindurch, der Raum ist nach Osten und Westen ausgerichtet, so dass er im Sommer nicht heiß wird. Vor der Westveranda liegt ein kleiner Hof, der mit weißem Sand und Kleebüscheln bedeckt ist. Und so heißt auch der Garten, Hagi Tsubo, die einfachste aller Kompositionen. Die Oberfläche ist völlig eben, keine Steine, kein Moos, kein Wasser. Die Pflanze, Waldklee, ist das gewöhnlichste, was man sich vorstellen kann, ein Understatement. Sie blüht im Herbst, wird dann zurückgeschnitten und bekommt im Frühjahr neue Knospen, und weil in diesem Garten sonst nichts ist, ziehen diese elementaren Veränderungen alle Aufmerksamkeit auf sich. Der einfache Klee im Palastgarten drückt ganz allein den Wechsel der Jahreszeiten aus. Wo wir einen Garten »füllen«, macht ein Japaner ihn leerer, so dass die Essenz der Dinge sichtbar wird. Leer lassen als Kunst.

Nichts davon ist zu sehen, als ich aus dem Haus gehe. Ich will ins Matsuzakaya-Kaufhaus, um Stifte und Papier für meine Gelegenheitsschreibereien, *zuihitsu*, zu kaufen. Nirgends ist es leer, überall voll – auf der Straße, in der U-Bahn, im Kaufhaus, überall bin ich von Menschen umringt und damit auch von ihrer Sprache. Zwar passiert es mir häufiger, dass ich in einem Land bin, dessen Sprache ich nicht verstehe. Aber hier ist es anders, wenngleich sich das nicht so leicht erklären lässt. Es kommt, denke ich, durch all das, was ich in Übersetzung gelesen habe, von Sei Shonagon über Bashō bis hin zu Kawabata, Tanizaki, Mishima. Rational lässt sich das nicht begründen, aber das Gelesene vermittelt mir doch das Gefühl, ich wüsste, worüber die Menschen um mich herum sprechen. Nach einem Blick in eine einfache japanische Grammatik habe ich mich gefragt, ob ich wohl in der Lage wäre, die darin errichteten Hürden zu nehmen. Nicht so sehr wegen der Schrift – die allein schon ist ein Atlantikwall, wenn auch ein sehr schöner –, sondern wegen des Konzepts dieser Sprache. Japanische Verben kennen keine unterschiedlichen Formen, um die Anzahl oder die Person oder das Geschlecht des Satzgegenstands zu bezeichnen. Ich gehe, ihr geht, sie gehen – dafür gibt es nur eine Form. Die Bedeutung erschließt sich aus dem Zusammenhang. Ferner gibt es auch keine richtige Zukunft: Man verwendet die Gegenwart, um künftige Pläne zu entwickeln. *Tokio e yukimashita* = Tokio nach ging = ich ging nach Tokio, und *Tokio e yukimasu* = Tokio nach gehe = ich gehe nach Tokio oder: ich werde nach Tokio gehen.

Andererseits gibt es eine Vielzahl von Möglichkeiten, um Stimmungen und Überzeugungen des Sprechers wiederzugeben. Das sei sehr kompliziert, sagt die Grammatik selbst, aber eine davon müsse mindestens gelernt werden, und das sei die Wahrscheinlichkeitsform, die aussagt, dass vielleicht etwas geschieht, wahrscheinlich etwas geschehen wird. Beispiel: *kaeru desho* lässt sich übersetzen mit »er kommt vielleicht zurück«, »er wird möglicherweise zurückkommen«, »ich denke, dass er zurückkommt« und so weiter, und daneben gibt es noch ganz andere Verbformen, um Verneinungen von Aussagesätzen zu unterscheiden, und auch dabei gibt es zwei Möglichkeiten: eine abrupte und eine höfliche. Bin ich kurz angebunden, dann sage ich: *hon o katta* = Buch kaufte = ich kaufte ein Buch. Höflich klingt es anders: *hon o kaimashita* = Buch kaufte = ich kaufte ein Buch. Wir können nur durch den Tonfall höflich sein. Will ich nun wieder alles leugnen und das Gegenteil behaupten, dann sage ich abrupt *hon o kawanakatta* = Buch nicht kaufte = ich kaufte kein Buch oder, höflich wie ich bin, *hon o kaimasen deshita* = Buch nicht Kauf war = ich kaufte kein Buch. Einmal mehr bewundere ich die Übersetzer meiner geliebten Bücher, zumal diejenigen, die noch aus dem klassischen und höfischen Japanisch übersetzt haben wie Arthur Waley, Edward G. Seidensticker und Ivan Morris. Mein Leben ist zu kurz, ich versuche gerade, meinen Lukrez aufzufrischen. In einem anderen Leben hätte ich Sei Shonagon in ihrer eigenen Sprache lesen können. Ob es einen Japaner gibt, der die Gedichte Hadewychs[6] lesen kann, oder stimmt dieser Vergleich nicht? Hadewych ist durch die Art ihrer mystischen Poesie auch für mich oft dunkel. Sei Shonagon ist so klar wie Madame de Sévigné[7]. Dies alles habe ich mir in der U-Bahn überlegt, in einem Mantel aus Menschenleibern, aus denen Sprache brodelt, bölkt, strömt, schnarrt, fließt. Sprache ist hier außerdem etwas anderes. Während besessene Schulmeister in den Niederlanden sich schon wieder für die nächste Orthographieverstümmelung bereithalten, ist die Sprache in Japan heilig, unantastbar, der Ausdruck der Volksseele, und zwar so, dass ein Ausländer, der sie wirklich spricht, etwas Unvorstellbares ist. Das allein schon macht die Vorstellung von Reinheit zunichte, die der unguten Vorstellung von Rassenreinheit nahe kommt. Schon öfter war zu lesen (zum Beispiel bei Ian Buruma[8]): Für einen Japaner ist ein Ausländer, der fließend Japanisch spricht, ein *henna gajin*, ein *verrückter* Ausländer. Er tut etwas Paradoxes: Gerade dadurch, dass er die Sprache spricht, wird sie abgewertet, weniger einzigartig, weniger ihnen gehörend, und sogar dieser merkwürdige Standpunkt kann sich noch in sein eigenes Paradox verkehren, wie bei Suzuki, der sagt, die Japaner müssten eine neue Religion begründen, durch die sie ihren Einfluss auf den Rest der Welt ausdehnen könnten. »Was wir tun müssen, ist, aus *Nihongo* (der japanischen Sprache) eine Religion zu machen – und diese neue Religion müssen wir unter den Völkern der Erde verbreiten.« Und als ob das nicht seltsam genug wäre, existiert auch noch eine Theorie von Tadanobu Tsunoda, einem Mediziner, der alle möglichen neuropsychiatrischen und neurophysiologischen Experimente durchgeführt hat und zu dem Schluss gekommen ist, dass »das Gehirn, das eigentliche physische Organ des einzelnen Japaners, sich im Laufe der Zeit in Bezug auf die Funktionen, die mit der Rezeption der Gehöraktivitäten zu tun haben, so stark verändert hat, dass es speziell in der Lage ist, sich an die japanische Sprache anzupassen.« Japaner haben andere Gehirne, ist die Quintessenz. Ich würde das gern verifizieren, doch keiner der anderen Fahrgäste ist bereit, für diese Untersuchung seine Schädeldecke lüften zu lassen.

Ich steige am Bahnhof Yushima aus. Als ich auf die Kasugadori Avenue hinaufkomme, sehe ich die bleiche Wintersonne in den weißen und rosa Kirschblüten. Ätsch, hereingefallen, die Blüten sind aus Plastik, man hat sie in die kahlen, neurotischen Bäume gebunden, eine Perversion. *Sakura*, Kirschblüte, in wenigen Wochen ist es soweit, aber diese Kommerzköppe haben nicht warten können. Die echte Blüte zieht wie eine langsame Welle über ganz Japan, von Süd nach Nord, überall herrscht die gleiche Aufregung, in der die so essentielle Identifizierung mit der Natur ihren alljährlichen Höhepunkt erreicht und dann nach einigen ephemeren Tagen wieder verschwindet, wenn die schneeweißen Blütenblätter zu Füßen der Bäume verschrumpeln. Es lebe die Vergänglichkeit! Wer das in Plastik umsetzt, ist auf dem besten Wege, seine Seele zu verlieren.

Im Kaufhaus verneigt man sich vor mir. Das ist schon allzuoft beschrieben worden, ich will gar nicht erst damit anfangen, aber gewöhnen kann ich mich auch nicht daran, wie ein Voyeur nehme ich immer wieder einen anderen Lift, um zu sehen, wie das geht, wie sich das roboterisierte Mädchen bei jedem Stop verneigt und mit ihrer Kinderstimme die Formeln lispelt. Ich weiß, dass das ganz normal ist, und finde es nicht normal. Da steht sie, ein müder Feuerfalter in Uniform, und verbirgt den einen oder anderen Jemand unter ihrer Person, eine, die einen Jungen liebt oder Schwimmstar werden will, eine, die ihren Unterhalt mit Sichverneigen verdient, die sich jeden anderen Ausdruck hat nehmen lassen im Tausch gegen diesen einen: Dienstfertigkeit. Das Kaufhaus selbst ist so groß wie sechs Harrod's und fünf Bloomingdale's, der Luxus, das Warenangebot ist umwerfend. Gerade hier bekommt man ein Gefühl für den enormen Reichtum dieses Landes. Die Preise für europäische Waren sind skandalös hoch, Wein, Käse, Parmaschinken, sie haben einen eher emblematischen denn konsumptiven Wert, an Kauf ist nicht zu denken. Das ist es wahrscheinlich, was man unter Handelsschranken versteht. Dieses hier ist kein Geschäft mehr, es ist ein Kosmos, das Universum der Begehrenswerten Objekte. Alles kann man hier bekommen, angefangen bei mehrere tausend Gulden teuren Kimonos bis zu Thunfischbäuchen, von antiken *raku*-Schalen bis hin zu frivoler Pariser Unterwäsche. Die Welt der Waren. Natürlich finde ich, was ich suche, wunderschöne Kladden für meine *zuihitsu*, ich kann sofort loslegen. Was bei allem auffällt, ist die Verpackung, die äußerst raffinierte Präsentation. Wie so oft in diesem Land steckt die Schönheit im Kleinen, alles wird so zum Kleinod, schmale Finger machen Kunst daraus, man verlässt das Geschäft ästhetischer, als man es betreten hat. Ich gehe noch ein wenig in der näheren Umgebung spazieren. Ein Markt mit frischen und mit getrockneten Fischen, in Mustern ausgelegt, in Litaneien aufgehängt. Pure Verlockung, das Auge schwelgt. In einer ruhigeren Straße dahinter Fachgeschäfte. Handarbeiten, Lackschachteln, Kimonos wie eine Gemäldeausstellung. Plötzlich fällt mir die Passage aus *Schönheit und Trauer* von Kawabata ein, als das Mädchen Keiko den älteren Schriftsteller Oki in Kioto zum Bahnhof bringt. »Keiko trug wie am Abend zuvor einen Kimono. Er war aus blauem Satin mit aufgemalten, verschiedengestaltigen Kiebitzen und vielen Schneeflocken. Die Kiebitze gaben ihm Farbe, doch er war für Keikos Alter etwas zu schlicht und als Neujahrskimono ein bisschen zu dunkel.« Kleidung als Sprache, als Zeichen. Kein Wunder, dass Roland Barthes sich hier nicht sattsehen konnte. Hinter Okis Bedenken verbirgt sich der Gedanke, dass gerade an Neujahr, wenn die Heiligtümer aufgesucht werden, die jungen Mädchen ganz bunte Kimonos tragen, am liebsten in sämtlichen Regenbogenfarben. Dies alles hat nichts zu tun mit dem leichten *yukata*, den man in Hotels gereicht bekommt und auch im Westen häufig sieht, meist in Weiß und Blau und aus Baumwolle.

*

Die Erinnerung funktioniert auf merkwürdige Weise, manchmal hängt sie an einem einzigen Ding. Beim ersten Mal, als ich in Tokio ins *Kabuki-za* (Theater) ging, stand vor einem Nebeneingang ein geschlossener

Wagen, geeignet für die Beförderung *einer* Person. Das Bild täuscht und schwankt, denn ich weiß inzwischen nicht mehr, ob es eine Sänfte oder ein zweirädriges Fahrzeug war. Woran ich mich erinnere, ist das Geschlossene dieser Ein-Mann-*carozza*, die sich fast wie ein Kleidungsstück um die Person schließen musste, so schmal war sie. Sie musste von Männern zu Fuß gezogen oder getragen werden und beschwor eine Vision von alten Zeiten, von Inkognito herauf; ich konnte mir kaum vorstellen, dass im heutigen Tokio so etwas noch herumfährt. Es gehörte für mich bereits zur Vorstellung. Später las ich bei Sei Shonagon verschiedene Passagen über Fahrten in einem solchen Fahrzeug, wie, wenn man einen Waldweg entlangfährt, manchmal Zweige hereinpeitschen, die man – fast immer vergeblich – zu fassen versucht, wie aber der Geruch eines solchen Zweigs kurze Zeit hängenbleibt, oder wie, wenn man als Passant einen solchen Wagen vorbeikommen sieht, nie mehr zu erkennen ist als ein Schemen hinter der Scheibe und wie einem ganz selten einmal ein Hauch Parfüm von der unbekannten Person da drinnen in die Nase weht. Jetzt gehe ich wieder ins *Kabuki-za* und suche als erstes diesen kleinen Wagen, aber er steht nicht mehr da. Vielleicht ist er jetzt endgültig ausgestorben, hat die letzte Hofdame ihn zum letztenmal ausspannen lassen.

Ich bin vorangekommen in der Welt, heute werde ich die Bühne nicht nur von vorn, sondern auch von der Rückseite sehen, kuriose Vertauschung von Schein und Sein. Ich habe eine Verabredung mit dem Schauspieler Nakamuro Matazo. Er hat in dem Stück dieses Nachmittags *(Sakurahime Azuma Bunsho)* nur eine kleine Rolle und wird den Rest der Zeit in seiner Garderobe darauf verwenden, mit einigen Mädchen ein Stück einzuüben, das diese in ihrer Schule aufführen wollen. Dabei darf ich zuschauen, aber zuerst werde ich den Prolog des Stücks und den ersten Akt im Saal sehen, danach wird er mich abholen und mit mir in einen Coffee-Shop nebenan gehen. Das Stück wurde von Tsuruya Nanboku verfasst und 1817 uraufgeführt, in einer Zeit, in der das Theater die damals einen Teil der japanischen Gesellschaft charakterisierende Dekadenz widerspiegelte. Groteske Formen, Parodie (häufig ein Zeichen, dass eine Epoche selbst nicht eben viel zu sagen hat, es sei denn, man wollte Manierismus als Ausdrucksform an sich deuten), bizarre Erotik, Sensation. Die Grundlage dieses Stücks ist die homosexuelle Liebe eines Priesters zu einem Schüler, ihr verabredeter *shinju* oder Doppelselbstmord (wie bei Mishima und seinem Freund), der scheitert, weil der Priester, Seigen, im letzten Moment zu feige ist. Dies alles wird im Prolog erzählt. Der Junge, Shiragiku-maru, ist einer der *chigo*, der hübschen Knaben, die in großen Tempelanlagen leben, um den Priestern, die wegen ihres Gelöbnisses nicht mit Frauen verkehren dürfen, zu Diensten zu stehen. Die Liebe zu diesem Jungen bringt Seigen in Schwierigkeiten. Sie beschließen, gemeinsam von einem Felsen ins Wasser zu springen. Der Junge hofft, als Frau wiedergeboren zu werden, damit er in einem späteren Leben Seigen heiraten kann. Der Moment, in dem der Junge springt, ist schaurig: So etwas darf man in Japan Schauspielern, Regie und Beleuchtung getrost überlassen. Ein markerschütternder Schrei, das Verschwinden im endlosen Meer, das grauenvolle Licht, das auf dieser Stelle verharrt und den Priester zurückschrecken lässt, bis er sich schließlich, absoluter Verräter, der er ist, abwendet und ein weißer Reiher auffliegt, die Seele des verstorbenen Jungen. Dann fällt ein blassblauer Vorhang, der *asagimaku*, und ein Schauspieler erzählt, dass jetzt, während wir zuschauen, siebzehn Jahre verstreichen. Erst danach beginnt das eigentliche Stück, ein Labyrinth von Intrigen, Schuld und Sühne, Strafe und Rache, man bräuchte ein ganzes Buch, um es nachzuerzählen. Ich gebe mich den Stimmen, Bewegungen, Kostümen hin, den verzerrten, so ritualisierten Lauten, Posen, Bewegungen. Der Inhalt spielt keine Rolle mehr, es ist ein Eintauchen in das völlig Andere, Theater, das einen der Welt entrückt.

Es ist idiotisch, danach in einem Coffee-Shop zu sitzen, und noch merkwürdiger, sich anschließend vor sechs Teenagern in einer kleinen, luftigen Garderobe zu verbeugen. Ich sitze im Lotussitz in einer Ecke und versuche unsichtbar zu sein. Was ich sehe, ist – im wahrsten Sinne des Wortes – Meisterschaft. Ein Tonband wird eingeschaltet, die Stimme des Schauspielers spricht den Text in allen von Hoch nach Tief gleitenden, an- und absteigenden Tonschattierungen mit, schnarrend, kehlig, stockend, explodierend. Mich gibt es nicht in meiner Ecke, ich sehe den Mädchen zu, die die Bewegungen des Meisters mit ihren ungelenken vierzehnjährigen Körpern, ihren Jeans, den stämmigen Beinen unter Schottenröcken nachzuahmen versuchen, während hinter ihnen, an der Wand, ihre Körbe mit den Walkmen aufgereiht stehen. Nakamuro Matazo hält den Kopf wie eine balinesische Tänzerin, und nie, das wissen sie, werden sie ihren Kopf in diese Position bekommen, doch allein schon durch den Versuch distanzieren sie sich von ihrem realen Kopf, wird er zu einem Ding, das schief auf ihrem Körper sitzt, das etwas ausdrücken will. Er holt eines der Mädchen nach vorn und schreit. Sie geniert sich, muss den Schrei aber mit ihrer Mädchenstimme nachahmen, ihr hohes Organ versucht, dieselbe wütende, kollernde Erregung hervorzubringen, er schlurft mit äußerst kleinen, unnatürlichen Schritten, denen des *Scheins*, vor ihr her, und sie folgt, so gut sie kann, sein weißer, gespaltener Fuß schwebt in der seit Jahrhunderten vorgeschriebenen Haltung über den *tatami*, still, totenstill, und wir sehen alle, wie ihr Fuß zittert, sich bewegt, die zeitweilige Versteinerung nicht durchhält.

Nach einer Stunde ist es zu Ende, und von der einen unwirklichen Welt falle ich wieder in die andere, Nakamuro Matazo winkt mir, durch Flure, treppauf, treppab, folge ich, bis die Spielgeräusche immer lauter werden und ich die Stimme des Priesters erkenne; siebzehn Jahre später ist es jetzt, wo ich gehe, auf Zehenspitzen an den Kulissen entlang mit einem flüchtigen Blick auf das Spielgeschehen – Gestalten auf der breiten Bühne, ihre Posen vor den Rampenlichtern, dahinter, unsichtbar, das Monster, der Saal. Das Fremdartige der Sprache wird wohl dazu beitragen, aber ich weiß, dass ich mich noch nie in so vielen Schichten des Scheins bewegt habe. Jetzt stehen wir in einem großen Schminkraum, in dem Schauspieler sich in etwas einwickeln, was für mich wie Priesterkleidung aussieht, weiße Untergewänder, Alben, wie früher in der Sakristei, bevor der Priester die Messe zelebrierte, andere Priester.

Matazo ist Spezialist für Männerrollen, und wie alle Kabuki-Schauspieler schminkt er sich selbst. *Kumadori* heißt diese Kunst, »Licht und Schatten anbringen«. Sie gehört speziell zu Helden und Schurken, Rittern und Räubern. Dicke rote und schwarze Striche, damit fängt es an, und ausgedrückt werden sollen Emotionen; es geht nicht um das »täuschend Echte« des naturalistischen Theaters in Europa. Die Linien folgen den Konturen, der Gesichtsmuskulatur, jede Farbe hat ihre eigene Bedeutung, Rot für die Wut des Betrogenen, Blau für böse Geister und übernatürliche Wesen. Ich kann der Verwandlung, die sich vor meinen Augen vollzieht, kaum noch folgen, das macht die Sache so beängstigend. Es ist eine totale Transformation, hier entsteht jemand anders. Erst zieht er sich die *habutae* über den Kopf, ein quadratisches, mit Wachs imprägniertes Stück Seide. Wachs kommt auch auf die Augenbrauen, auf das Gesicht Öl. Darüber *oshiroi*, sein Gesicht wird eine weiße Maske, kalkig, ein Geist, ein schwarzer Strich unter dem Auge, eine gebogene Linie, die von der Stirn über die Braue zum Augenwinkel läuft, Linien zum Mund, Indigo und Schwarz, nein, hier sitzt ein anderer. Der Mann, der mich in den Coffee-Shop mitgenommen hat, und der Mann, der im Kimono den Mädchen Unterricht gab, das sind andere Männer. Diesen hier, dieses Wesen in den weiten, zeremoniellen Kleidern, sehe ich aus der Garderobe gehen, mit den anderen scherzen, die noch mit ihrer Perücke beschäftigt sind, die ihr Gesicht wechseln, ihre frühere Person neben sich auf dem Fußboden zusammenlegen, und dann sehe ich ihn wieder in den matten, laugrauen Tönen des Fernsehers, der in der Garderobe hängt. Jetzt ist endgültig jede Verbindung abgebrochen, kein Weg führt mehr dorthin. Ein anderer Schauspieler zeigt mir, wie ich wieder in den Saal komme. Den Faden der Handlung habe ich schon längst verloren, aber an meinem eigenen Leben wurde auch herumgemurkst, und als ich später inmitten der Scharen das Theater verlasse, ist es Abend geworden; ziellos gehe ich über die breiten Gehwege, als Passant geschminkt, jemand, der sich erst an sein Leben gewöhnen muss.

Dezember 1986 / Januar 1987

1 Zitat aus dem berühmten *Kopfkissenbuch einer Hofdame* von Sei Shonagon.

2 Karel van Wolferen (geb. 1941): Autor des inzwischen berühmt gewordenen Buchs *The Enigma of Japanese Power.*

3 *Das Paradies ist nebenan* erschien 2003 in der Neuübersetzung von Helga van Beuningen unter dem Titel *Philip und die anderen.*

4 Hier habe ich mir eine kleine Freiheit erlaubt. Wörtlich heißt es im Japanischen »was den Frühling betrifft, die Morgendämmerung«. Im Niederländischen heißt (Morgen-)Dämmerung *dageraad*, ein Wort, das sich wie das englische *dawn* nur auf den Tagesanbruch bezieht und nicht, wie im Deutschen, auch auf den Abend. Von *dawn* zum niederländischen *dauw* und von da zum deutschen *Tau* war es nur ein Schritt, nicht nur, weil eine Dämmerung ohne Tau nicht denkbar ist, sondern auch, weil durch die Verführung des Klangs auch die Suggestion von *Tao* naheliegt. (Anm. d. Ü.)

5 In den beiden zugänglichen deutschen Übersetzungen (sowohl in

der von Mamoru Watanabé als auch in der von Helmut Bode) wurde auf den elliptischen Satzbau verzichtet. (Anm. d. Ü.)

6 Hadewych von Antwerpen: flämische Dichterin (13. Jahrhundert), deren ekstatische Lyrik den Höhepunkt der niederländischen Mystik bildet.

7 Marie Marquise de Sévigné (1626–1696): Autorin von etwa 1500 Briefen an ihre Tochter, die zu den klassischen literarischen Werken des 17. Jahrhunderts zählen.

8 Ian Buruma (geb. 1951): niederländischer Sinologe, Essayist und Romancier.

Kalter Berg

WENN ICH JE EIN ANDERES LEBEN bekommen könnte, dann müsste es eines in einem Land sein mit einer anderen Schrift. Mehrwert, der ästhetische Anblick von etwas, bei dem das Gezeichnete durch die Zeichnung neben der Bedeutung zusätzlich noch etwas bedeutet, behauptet, heraufbeschwört, *sho*, Kalligraphie. Ich wollte, ich könnte es, aber ich bekomme es nicht, dieses andere Leben, ich habe bereits das Alter des »zu spät« erreicht. Kein Grund zur Trauer, das »nie mehr« hat seinen eigenen bitteren Reiz.

Das Zimmer, in dem mir diese Gedanken durch den Kopf gehen, liegt in Tsumago, einem Dorf im südlichen Teil des Bezirks Kiso in der Präfektur Nagano. In diesem Zimmer steht kein Stuhl, es ist kalt, ich schreibe im Knien in mein *High Grade Note Book*. Der Einband ist hellbraun, ähnlich wie Packpapier. Er weist drei Linien auf, aber ich weiß nicht, was ich auf sie schreiben soll. Also nichts. Innen hat die Kladde andere Linien, die verächtlichen Hilfsmittel für jemanden, der ohne *sho* leben muss und der jetzt, da er weder Stuhl noch Tisch hat, einen etwas lächerlichen Anblick abgibt. Aber niemand sieht mich. Die Linien wollen Worte, auch wenn der Schreiber dieser noch nicht existierenden Worte sich dafür tief bücken muss. Ich überdenke den vorangegangenen Tag.

*

In Tokio habe ich eine Reise zusammengestellt von einem Gasthof zum nächsten. Für jeden *minshuku* bekommt man ein vervielfältigtes Blatt mit einem Plan, einer Strategie, um dorthin zu kommen. Die Besitzer der *minshuku* sprechen so gut wie nie Englisch, aber sie wissen, in welchen Bereichen wir für gewöhnlich ein törichtes Benehmen an den Tag legen. Die Reise ist nicht immer ganz einfach. Umsteigen, in einer entlegenen Provinzstadt ankommen. Da und da soll der Bus stehen. Man vergleicht die Zeichen mit den erhaltenen Anweisungen. Es sieht ganz ähnlich aus, aber stimmt es wirklich? Ist dies der Bus nach Tsumago? Ja. In Japan verkehrt alles pünktlich, man weiß, wie lange der Bus brauchen wird, die räumliche Ankunft muss sich mit der zeitlichen decken. Man kann sich der Landschaft hingeben.

Schmale Straßen, Regen. Düstere, nasse Wälder, viele Bäume noch kahl. Auf dem Land Wagen, gebückte Menschen bei der Feldarbeit. An jeder Haltestelle die automatische Stimme, in der langen Wortreihe meine ich den Klang des Wortes »Tsumago« zu erkennen, und meine Uhr sagt, dass ich aussteigen muss. Jetzt nach rechts, der Koffer rollt hinter mir her. Wir überqueren die Straße, und zwar an ihrem Ende, und dort muss es liegen, an der Straße nach Magome. Ich vergleiche das Zeichen für Magome mit einem Wegweiser. Dies ist es. Ein flaches Gebäude, davor ein steinerner Fuchs in einer fröhlichen Jacke. Er soll Glück bringen. Ich stehe etwas verloren in einer Art Laden, das *minshuku* liegt viel weiter außerhalb des Dorfes, als ich gedacht hatte, und ich frage mich, was ich tun soll, wenn es so weiterregnet. Der Besitzer erscheint und verbeugt sich, und plötzlich, wie aus dem Nichts aufgetaucht, steht eine sich verneigende Frau neben ihm. Sie lachen und verbeugen sich, ich verbeuge mich und lache. »Oranda«, sagen sie, »Holland«, und so ist es. Ich werde hinaufgeführt. Die Frau bedeutet mir, die Schuhe in der Diele auszuziehen, mehrere Paare sehr große Pantoffeln stehen schon bereit, Menschen aus Oranda sind unglaublich groß. Sie zeigt mir noch das WC auf dem Flur und streckt einen befehlenden Finger zu den Pantoffeln aus, die dort stehen. Rein, unrein, Schuhe fürs Zimmer trägt man nicht im WC. Der Unterschied ist deutlich, denn die Pantoffeln der Unreinheit sind mit einer Schnur zusammengebunden, damit der Dummkopf, der ich bin, nicht doch mit ihnen auf den Flur tritt. Dann lässt sie mich allein. Es ist sehr still, sie ist plötzlich lautlos verschwunden. Das Zimmer ist klein, mein Koffer sieht aufdringlich aus. Ich ziehe meinen durchnässten Regenmantel aus, aber auch er wirkt plötzlich obszön, er gehört nicht hierher, ist zu dick, hier ist alles nach Zentimetern eingeteilt. Ich erkenne die *Dinge*: die *shoji*, Fenster aus Reispapier, die man zur Seite schieben kann, sie geben dem Raum ein weißgraues, nichtglänzendes Licht. Die *tatami*, Schilfmatten, die sich unter den Füßen leicht wölben, als befände sich darunter ein besonders stark federndes Moos. Der *kotatsu*, in der Zimmermitte, ein kleiner Tisch, vor dem vier flache Kissen liegen. Darüber ist ein schlichtes Tuch ausgebreitet, auf dem ein glänzendes rundes Tablett steht. Es ist kalt hier im Raum, ich sehe nirgends eine Heizung, weiß aber, dass unter dem *kotatsu* ein kleiner elektrischer Heizofen stehen muss. Ich versuche, möglichst viel von dem, was ich bei mir habe, in den Schiebeschränken unterzubringen, um so das Bild des Zimmers intakt zu lassen, doch da kommt die Frau schon wieder mit Tee und Keksen. Ich möchte wissen, wie lange ich spazierengehen und ob ich danach noch ein Bad nehmen kann, und wir führen ein Mimodram um meine Uhr auf; sie streckt Finger in die Höhe, legt andere quer darüber, ich zeige auf mein Zifferblatt, und sie tut, als habe sie so ein Ding noch nie gesehen, und dabei lachen wir die ganze Zeit. Sie gießt den Tee ein und verneigt sich, und als sie weg ist, bleibe ich auf den Knien hocken und schlürfe das heiße, grüne Getränk, aber dann ist sie plötzlich unter vielen gemurmelten Entschuldigungen wieder da und macht den Ofen unter dem *kotatsu* an und bedeutet mir, die Beine darunter zu strecken. Nach zwanzig Minuten ist mein Rücken eiskalt, und meine Füße sind am Verbrennen. In der *tokonoma*, dem Alkoven mir gegenüber, hängt eine Kalligraphie, und wieder überkommt es mich, dieses Gefühl von Neid. Diesen Kampf von Weiß gegen Schwarz, des Zeichens, das man gegen das umringende, gefräßige Nichts machen will, den würde ich auch gern führen. Aber ich habe nur mein mit vier Wörtern benanntes *High Grade Note Book*, um darin meine *high grade notes* dieses Tages niederzuschreiben. Ohne Kenntnis der Sprache kommt *sho* mir wie ein leeres, eitles Exerzitium vor, das Nachäffen von Zeichen als pure Form, ihre Bedeutung nicht aus der Sprache heraus empfunden, *nipponnerie.*

*

Es gibt Augenblicke, in denen man sich hoffnungslos fremd vorkommt. Da sitze ich also, in meinem noch nicht einmal zehn *tatami* großen Zimmerchen. Wo die *shoji* etwas aufgeschoben sind, sehe ich einen griesgrämigen Himmel aus gutgefüllten Wolken, Regentropfen das einzige Geräusch, im Haus sind alle gestorben. Die Matten riechen wirklich noch ein wenig nach Schilf, und ich sitze da und schaue so vor mich hin. Nach dem Millionentanz von Tokio ist dies das absolute Kontrastprogramm, ich weiß noch nicht recht, was ich damit anfangen soll. Fünf Uhr. Wenn ich die Frau richtig verstanden habe, kann ich noch eineinhalb Stunden spazierengehen. In der Diele unten finde ich meine freundlichen Schuhe wieder, und plötzlich steht die Frau auch wieder da wie eine Geistererscheinung und gibt mir einen viel zu kleinen orangenen Mädchenschirm. Ich beschließe, nicht ins Dorf zu gehen, sondern nach links, Richtung Magome, es muss einen Waldweg geben, der dorthin führt. Bevor ich weiß, wie mir geschieht, habe ich mich verirrt, aber das macht nichts, es ist jetzt besser, kein Ziel zu haben. Der Regen tickt leise auf meinen zu kleinen Schirm. Von alten Bildern kenne ich sie, gebückte Männer im Regen unter einem *karakasa*, einem altmodischen Regenschirm aus geöltem Papier, ähnlich dem, was die buddhistischen Mönche in Birma gegen die Sonne haben. Wie anders klänge das Geräusch des Regens auf dem harten, pergamentartigen Papier. Er würde trommeln, peitschen, ich hätte Gesellschaft. Der Weg zieht sich in einer langsamen Schleife bergan. Die meisten Bäume sind noch kahl, sehr zart und dünn in Regenschleiern. Wie ist es eigentlich, fordert eine bestimmte Landschaft eine besondere Malweise heraus oder wird der Eindruck, den man von einer Landschaft hat, von den Bildern geprägt, die man gesehen hat? Haben die Hügel tatsächlich andere Formen, steigen sie bizarrer und jäher in der nebligen Ferne auf, oder ist es nur so, weil ich dies so oft auf japanischen Bildern gesehen habe? Und umgekehrt, hat die Natur sich hier wirklich mit Tusche in abrupten, plötzlich ganz feinen Strichen aufs Papier bannen lassen?

Ich denke an einige Wandschirme von Hasegawa Tohaku, die ich – gestern erst – im Nationalmuseum in Tokio gesehen habe. Sie stammen vom Ende des sechzehnten, Anfang des siebzehnten Jahrhunderts, aber als ich um mich blicke, sehe ich auch nur Wandschirme, jemand hat sich die Mühe gemacht, die Schirme eines frühen Abends aufzustellen und darauf die Geister von Bäumen zu malen. Kiefern waren es, und auch von ihnen sehe ich hier einige, dunkel die am nächsten gelegenen, und die entfernteren mit immer hellerer Tusche oder leichteren Bewegungen gemalt, *eine* Farbe vielleicht nur, ein Schwarz, das alles in sich birgt, das grünlich oder grau sein kann, ein Baum, der in der Erde steht, und ein schwebender Baum, immer ein einzelner Baum und zugleich ein Wald.

Meine Füße versinken im nassen Boden, der kleine Regenschirm schützt mich schon lange nicht mehr, ich spüre, wie mir die Kälte bis in die Knochen dringt. An einer Weggabelung steht ein Baumstrunk, in den Zeichen geritzt sind, die man weiß angemalt hat. Sie lachen mich aus mit ihren Schleifen und Rundungen, sie sagen etwas, und ich kann sie nicht verstehen, sie brüllen vor Lachen über diesen albernen Mann mit dem orangefarbigen Ding über dem Kopf. Ich entscheide mich für einen der beiden, den steileren Weg, höre einen Bergbach, aber sehe ihn nicht. Dann ist plötzlich ein Glöckchen zu hören, und ich bereite mich auf Schritte vor, eine menschliche Gestalt in den Regenwolken, doch das Glöckchen wird vom Wind bewegt, gehört nicht an den Hals einer Ziege oder in Menschenhände. Es hängt an der Veranda eines verschlossenen Hauses, niemand zu sehen. Ich setze mich in eine Ecke der Veranda, trocken, mit angezogenen Knien, und schaue auf das Glöckchen, wenn der Wind es berührt, bewegt es sich. Nein, ich brauche hier, später, jetzt, wo ich es aufschreibe, den Klang dieses Glöckchens nicht nachzumachen. Ich suchte ein Wort für diesen Augenblick, und das Wort, das sich anbot, war *poignancy*, als wollte sich alles, eine ganze Reise, in diesem Augenblick ballen, so dass man unbeweglich sitzen bleibt und sich wünscht, er möge ewig dauern. *Furin* heißt so ein Glöckchen, und plötzlich weiß ich, wo ich zuletzt eines gehört habe, bei einem Maler, der in der Wüste New Mexicos in einem Waggon lebt, Bruce Lowney[1]. Er lebte dort allein und hatte seine *furin*, wie er sagte, um die Stille zu akzentuieren. *Poignancy, mono no aware*, das Pathos der Dinge.

*

Unglücklicherweise bin ich so beschaffen, dass ich immer hinter den nächsten Hügel gucken will und noch immer nicht gelernt habe, dass dahinter wieder ein Hügel liegt. Was erwarte ich denn eigentlich (und schon so lange)? Eine besondere Begegnung, eine Wunderlandschaft, das Meer? Du erwartest etwas, das du dir nicht ausdenken könntest, Trottel. Geh zurück nach Hause (Hause?), du bist klatschnass, und es wird dunkel, ringsum bilden sich dunkle Löcher, Löcher, die die Darstellungen von Sträuchern und Zweigen aufsaugen, plötzlich sind sie nicht mehr da, der Wald schrumpft und kommt auf dich zu. Aber ich will noch weiter, und dann führt der Weg in einem wilden Schlenker abwärts, und ich gerate in offenes Gelände. Wieder ein Haus, ebenfalls verschlossen. Wohnen in dieser Gegend überhaupt Menschen? Es ist alt, dieses Haus, das Holz ist so dunkel wie die hereinbrechende Nacht. Ein Schild mit einem wie ein Gedicht aussehenden Text hängt da, seitlich vom Haus ein nasses Feld, über das man Schilf gelegt hat, um es vor dem Regen zu schützen. Verbrannte Holzklötze, ein Büschel geschnittener Bambus. Das Gedicht kann ich nicht lesen, also mache ich selbst eines, japanische Spiele.

> Das verlassene Haus in den Bergen –
> wenn ich es war, der das Schilf schnitt
> bin ich dann der Mann, der hier wohnt?

und sogleich antwortet die Natur, denn ein Bussard fliegt langsam aus einem Baum hinter dem Haus auf

> der Wipfel streckt die Flügel aus
> und fliegt davon –
> ein Bussard in den Hügeln bei Magome.

Aber ich bin ja nicht in der Nähe von Magome. Schon möglich, aber wo dann? Jetzt kommen Geister, die mich mögen. Der Weg ist breiter geworden und mündet in eine schmale Asphaltstraße. Dort hockt ein kleiner steinerner Mann mit einem roten Lätzchen um den Hals und einem aus Schilf geflochtenen Hut. Das Lätzchen ist nass, der Hut durchweicht, aber das kümmert ihn nicht. Seine steinernen Beine sind völlig waagrecht und gekreuzt, er hat die Augen geschlossen und trägt einen Stab in der rechten Hand, die aus dem weiten Faltenwurf seines Mantels hervorschaut. Ich weiß, dass er Jizo heißt. Die beiden Teile seines Namens bedeuten Erde und Gebärmutter, oder Wiege und Grab, und auf dem Weg dazwischen ist er die kleine kahlköpfige Gottheit, die uns beschützen soll, er sieht aus, als ob er es kann, Gott, Berggeist oder Geist der Landschaft, ich brauche ihn, ich muss nach Hause. Ich zerre ein wenig an seiner unendlichen Ruhe, vor ihm liegen zwei durchweichte Süßigkeiten, und ich stehe hier mit leeren Händen, aber das ist ihm offenbar einerlei, denn nun hält ein Jeep mit einem Bauern vor mir, der mich ansieht und die Hände fragend vom Lenkrad nimmt. Ich lache und verstaue diesen blödsinnigen Regenschirm und sage »*minshuku*, Tsumago«, und er fährt an sechs Hügeln vorbei, und schon sind wir da, ich war nicht weit weg und doch sehr weit.

Als ich das *minshuku* betrete, rieche ich Essensdüfte. Andere Gäste sehe ich immer noch nicht. Es muss jetzt Zeit fürs Bad sein. In meinem Zimmer liegt ein *yukata* bereit, ein leichter Kimono aus blauer Baumwolle. Ich ziehe mich um und gehe hinunter und wollte, es gäbe ein Glöckchen, das mir voranginge. Besonders groß bin ich nicht, aber vor allem, wenn die Behausung so klein ist und man sich selbst noch nicht heimisch fühlt, empfindet man seine eigene Anwesenheit als etwas Plumpes und Täppisches. Womöglich jage ich anderen noch einen Schrecken ein. Aber der Mann steht bereits in dem halbdunklen Raum, in dem ich nachher anscheinend essen soll.

»O-furo?«, frage ich zögernd.

»Hai!«

Es gibt genug Geschichten über Japaner, die sich in Europa ausgiebigst außerhalb der Badewanne waschen, bevor sie sich endlich hineinsetzen, und so nach unserem Empfinden eine riesige Schweinerei veranstalten, und andererseits auch genug Geschichten über Europäer, die in Japan das klare Wasser mit ihrem Schmutz und ihrer Seife verunreinigen und damit in den Augen der Japaner eine schreckliche Ferkelei begehen: Diesen Fehler mache ich nicht mehr. Beide Seiten haben Anweisungen erhalten, wie man Scham und Schande vermeidet, und meinen Teil habe ich auswendig gelernt. Man wienert, scheuert, schrubbt und begießt sich so lange mit Wasser, bis kein Fitzelchen Schmutz mehr am nackten Leib ist, erst dann darf man in die Wanne. Wenn Japaner dabei sind, spürt man, dass sie aufpassen, denn unser Ruf ist weit gedrungen. Handelt es sich um ein Gemeinschaftsbad, dann steigen sie manchmal in dem Moment aus, in dem man selber hineinsteigt, selbst wenn man sich noch so gründlich geschrubbt hat, auch das ist mir schon passiert. Hier bin ich jedoch allein, der Raum ist zu klein, man wechselt sich hier offenbar ab, das Bad ist zwar gemeinschaftlich, aber das Gemeinschaftliche spielt sich nicht zur selben Zeit ab. Der Mann zeigt mir, wo ich meinen *yukata* aufhängen soll, deutet auf die Seife, die Bürste, den Wasserhahn, mich, den niedrigen dreibeinigen Holzschemel, auf dem ich sitzen, das runde Holzgefäß, mit dem ich mir Wasser über den Kopf gießen soll. In der Ecke steht, leicht drohend, ein rechteckiger Holzzuber, bis obenhin mit schimmerndem Wasser gefüllt, das durch eine unsichtbare Öffnung nachgefüllt zu werden scheint, denn ich höre leises Gebrodel, ohne etwas zu sehen. Dampf steigt auf, so dicht wie die Nebelschwaden in den Hügeln, das Wasser muss glühend heiß sein. Ich führe die vorgeschriebenen Übungen aus und noch mal und noch mal, das Ritual der Reinigung, die Ablution, ich werde zum saubersten Mann auf Erden. Natürlich haben sie recht, welch blöde Angewohnheit von uns, im eigenen schmutzigen Badewasser zu sitzen, so wird man die Sünde, die Befleckung, den Zeitlauf nie los. Sauberer denn je seit meiner Geburt, nachdem ich Züge und Busse, Schlammspaziergang, Nerven, Druckerschwärze, *Leben* von mir abgespült habe, gehe ich schließlich, immer noch mit einem gewissen Zögern, auf *o-furo* zu, tauche die Hand hinein wie eine Katze und weiß sofort: Hier drin kann ich unmöglich sitzen. Ausgeschlossen. Also strecke ich vorsichtig einen Fuß hinein und, als der gekocht ist, einen Fußknöchel, eine stämmige Wanderwade, die Keule, Menschenfilet, Lende, Rippchen, Bruststück, Dichterschulter, das Schmorfleisch meines Nackens, bis alles, Steiß, Sitzbeinhöcker, Oberarm und Brustspitze, zweite Keule, Hinterknie und Schinken, leise zu garen und zu zischen anfängt. Eine Zeitlang versuche ich noch, durch Gedanken in dem als einzigen über Wasser gebliebenen Teil geistige Distanz zu diesem Prozess zu schaffen, aber es ist schon zu spät, zwischen Kamm, Nasenspiegel und Scheitel befindet sich keine ordnende Instanz mehr, und alles, was sich darunter befindet, zerfließt in der maßlosen Hitze, ich löse mich geistig auf, völlige Zersetzung des Reisenden, des Aufschreibers, der *Person.* Es ist folglich auch fast niemand mehr, der sich eine halbe Stunde später zum Gemeinschaftsmahl niederlässt, das mangels anderer Leute nur an Niemand verabreicht wird. Niemand ist glücklich, fischt die großen Meeresschnecken aus ihren Schalen, zeigt dem ängstlichen Hausherrn, dass er weiß, wie er die so eleganten rohen Makrelenscheiben des *sashimi* in seinen noch übriggebliebenen Mund befördern muss. Wie er die *suimono* schlürfen muss, wie er die Symmetrie der Krabbe brechen, die gerösteten Hühnerstücke mit seinen großen Zähnen von den *yakitori*-Spießen ziehen muss und sogar einzelne Reiskörner zwischen den *hashi* halten kann, ein Wunder. Es ist dann schon halb acht oder so, die Kännchen mit Sake, die auf sein wiederholtes *sumimasen* herbeigebracht wurden, haben die Hitze des Bades erhalten, und als Jemand in sein Zimmer zurückkommt, ist der *kotatsu* bereits weg, und der Futon liegt, so merkwürdig in der Mitte des Zimmers, auf dem Boden bereit, er braucht sich bloß hinzulegen, und es ist Nacht. Sehr kalt ist es im Zimmer, sein Atem macht Wölkchen, aber das kümmert ihn nicht, und auch nicht die Dunkelheit, die Stille, die leisen Regentropfen darin. Er will sich noch etwas für den morgigen Tag überlegen, aber auch der weigert sich, Form anzunehmen, und so zerfließt er, ohne Konturen, noch einmal im Schleierreich des Schlafes.

Die Landschaft Japans ist von Geistern belebt. Das ist zwar nur Phantasie, doch die wird von den allgegenwärtigen Jizos, Tempelchen, Schreinen, Gedenksteinen angeregt. In der Stadt findet man sie auch, aber hier, in der Natur, sind sie eine Verbindung mit der Landschaft eingegangen, so dass es scheint, als drückten sie deren Steigerung, Vergeistigung aus. Ich bin früh aufgebrochen, diesmal werde ich mich nicht verirren. Jetzt ist es nicht mehr die Dunkelheit, die die Nacht ankündigt, sondern die Dunkelheit, die die Nacht zurückgelassen hat und die sich langsam aus den Wäldern zurückzieht. Zuerst marschiere ich ein Stück weit auf einer ehemaligen Poststraße, an der Tsumago und Magome Raststellen und Kontrollposten waren, später schlage ich einen Wanderweg ein und achte sorgfältig darauf, dass ich auf den hölzernen Wegweisern immer dasselbe Zeichen erkenne und ihm folge. Hin und wieder stoße ich auch auf eine Karte in Stein, aber wenn ich die mit meiner Landkarte zu vergleichen versuche, gerate ich hoffnungslos durcheinander, das einzige, was ich lesen kann, sind die Zahlen für die Entfernungen, nicht die Ortsnamen. Hinter mir schimmert der Berg Nagiso, vor mir der Berg Ena, mal sehe ich sie und mal nicht. Ab und an kreuzt der Weg einen Fluss, der meiner Meinung nach der Kiso ist, und ich frage mich, warum ich das wissen will. Das Wasser strömt, glänzend und durchsichtig, an bemoosten Steinen entlang. Farne und Schilf wedeln an den steilen Ufern leise vor sich hin, ich habe solche Flüsschen überall gesehen, was ändert sich an dem sich ständig verändernden Wasser, wenn ich weiß, dass es nicht »Wasser« heißt, sondern »Kiso«? Streckenweise ist der Weg aus Stein und erinnert an eine römische Heerstraße, dann wieder steigt er mit Stufen aus Baumstämmen bergan. Einmal begegne ich vier Jungen, gelbe Plastikflecken vor dunklen Zypressen. Ihre Ausrüstung ist vorbildlich, sie sehen martialisch aus, Bergschuhe, Stöcke, eine Landkarte in Plastik, kurze Hosen, Rucksäcke. Japaner machen alles professionell, zu einer Wanderung gehört Wanderausrüstung, sie sind erstaunt über mein ganz normales Aussehen, bleiben aber stehen und sagen, ja, sie seien auf dem Weg nach Tsumago, und ich, ich ginge doch sicher nach Magome? Ja, ich gehe nach Magome, aber dann will ich später auch wieder nach Tsumago zurück, und mit Händen und Füßen erklären sie mir: ein Bus, ein Zug, ein Bus, *goodbye, goodbye, sayonara,* und unsere Stimmen verwehen. Plötzlich wünschte ich, ich hätte jemanden bei mir, einen japanischen Widerpart, genauso jemanden wie mich, nur in japanisch, jemanden, der die kleinen Geheimnisse entschleiern kann. Ich stelle mir vor, wie ich mit ihm durch die südlimburgische Landschaft ziehen würde, er würde auf einem Weg zwischen Kornfeldern stehenbleiben und fragen, was das denn eigentlich bedeute, dieser Mann aus weißgemaltem Eisen, der an den gekreuzten Balken hängt. Und später, bei einer kleinen Kapelle, wo hinter Glas eine Gipsfigur von Maria steht und vor ihr ein Büschel Kornblumen, würde er vielleicht an seine eigene Göttin Kissho Ten denken, und ich würde ihm erklären, dass dies die Mutter des Mannes am Kreuz sei. Ja, aber er wird doch wohl wissen, wer Christus ist? Natürlich, ich weiß auch, wer Jizo ist, wer Kannon ist, aber empfindet er die »Ver-geister-ung« der Landschaft genauso wenig in seinem eigenen Land, wie ich sie in Limburg empfinde? Nutzen sich diese Dinge durch ihre ständige Anwesenheit ab, sieht er sie gar nicht mehr, diese Figuren, die überall stehen und einen nie ansehen, die, in sich versunken, vor sich hin träumen, denken, meditieren?

Traumbilder, Suggestionen eines anderen Lebens. Trotzdem bin ich hier empfänglicher dafür, aufgrund des Fremden, des Rätsels. Hin und wieder habe ich die geschriebene Antwort parat, dann weiß ich, dass dieses kleine Tempelhaus aus Holz *Kurashina-soreisha* heißt, ein Schrein für die Seele von Shichirozaemon Kurashina, der 1586 an dieser Stelle ermordet wurde, und ich würde ihm gern einen Gedanken widmen, aber ich weiß nicht, wer er ist. Und dann, beim Aufstieg zum Pass von Magome, 400 Meter höher als Tsumago, sehe ich die Überreste eines Kontrollpostens. Bereits seit 1749 war es verboten, fünf bestimmte Baumarten zu schlagen, da sie sonst aussterben würden, Japaner gingen früher bereits besser mit der Natur um als wir. Auf einer offenen Galerie finde ich ein verwittertes, halb zerstörtes Bild. Zwei Männer, Dichter oder Weise, jedenfalls durchsichtig gewordene männliche Wesen, sitzen unter einem Baum neben blühenden Sträuchern und füttern Kraniche, die Kräuselungen, kleine Wellen im Wasser machen, mit feinverästelten Zweigen. Was aussieht wie ein halber roter Fächer, ist die Sonne. Sie sind so transparent, diese Männer, dass das Meer oder der See durch sie hindurch gemalt ist, als seien sie bereits drauf und dran, in der Natur zu verschwinden. Durchlaucht in der ursprünglichen Bedeutung des Wortes, das sind sie.

Von hier aus geht es wieder abwärts, der Berg Ena

links vor mir, aber zu weit, um mich aufzuhalten, das Geräusch des männlichen und des weiblichen Wasserfalls irgendwo im Wald, die ersten Häuser, Magome, und jetzt habe ich langsam auch das Gefühl, das zu einer solchen Fußwanderung gehört, ein Italiener im Schwarzwald des achtzehnten Jahrhunderts, Stevenson in den Cevennen mit seinem Esel, jetzt werde ich einen Rastplatz suchen, ein anderes Wort gibt es dafür nicht, und dann findet man ihn auch, mit fünf Frauen in Weiß an einem großen Tisch, die alle zusammen eine Mahlzeit für mich zubereiten werden. Inmitten des kleinen Raums ein fauchender Ofen mit einem riesigen Kupferteekessel, in einer Ecke zwei schlürfende Bauern, an der Wand ein paar kleine Holztafeln, auf denen unlesbare Namen von Gerichten stehen. Ich segne den Zufall und zeige auf die mittlere Tafel und bekomme eine Schale dampfender Suppe mit Nudeln und Fischstücken. Fünf Mütter habe ich jetzt, die alle zuschauen, wie ich es aufesse, die mir Tee bringen und Sake und mir zeigen, wo ich in den Bus nach Nakatsugawa einsteigen muss, wo der Zug nach Nagiso abfährt und alles wieder von vorn beginnt, die ewige Wiederkehr.

Nakatsugawa, am glücklichsten ist man an den Orten, von deren Existenz man nichts geahnt hat. Dies war nicht mein Ziel, und trotzdem bin ich jetzt hier. Auf dem Bahnhofsvorplatz machen zwei Taxifahrer ein

Feuer in einer Tonne, die Verkehrsampeln flöten wie Amseln bei Grün und rufen »Kuckuck« bei Rot, verschwommene Berge auf allen Seiten, Schulmädchen in langen blauen Röcken und in einem Fenster ein Bücherstapel, obenauf eine Anthologie englischer Lyrik von Donne bis Johnson; ich werde von Begierde verzehrt, aber traue mich nicht, und trotzdem, *nirgends* sehe ich etwas anderes, das ich lesen könnte, ich spaziere herum, wenn ich richtig verstanden habe, darf ich hier eine Stunde bleiben, und dann sehe ich plötzlich eine Absurdität, zwei Schaufenster, die so, wie sie sind, in eine Vitrine des Gemeentemuseum in Den Haag könnten, die Schaufenster einer Konditorei. Dies muss die Apotheose dessen sein, was man mit Süßigkeiten anstellen kann, ein vergängliches Museum schmelzender Kunst, Shogetsudo in Nakatsugawa, wer hierfür einen Katalog zusammenstellen muss, hat zu tun. Wie nennt man diese Gegenstände? Monochrome, ocker marmorierte Objekte, eine schreckliche Krankheit, die sich plötzlich zum Guten gewendet hat, nichts davon würde man sich zu essen trauen, ihre Vollkommenheit verbietet es. Symbolisch gehe ich hinein und wundere mich über das Fehlen von Wärtern, ich betrachte die ausgestellten Waren, die Geometrien, Farbstellungen, die Mini-Christos, die gesäuberte Palette der Neuen Wilden, die weißen, überschatteten Reihen Schoonhovens. Mit zweihundert Gramm zwanzigstes Jahrhundert gehe ich wieder hinaus, wage es aber erst zu essen, als niemand zuschaut.

Der Zug ist alt, ein Bummelzug, grün gestrichen. Irgendwo rechts von mir muss der Weg liegen, den ich vorhin gegangen bin. In Nagiso besteige ich zum zweitenmal den Bus nach Tsumago, ich bin ein Pendler, tue das jeden Tag. Aber diesmal fahre ich nicht gleich zum *minshuku*, ich gehe noch durch den Tempelhof, an alten Holzhäusern vorbei, die mich an ein Bergdorf in Asturien erinnern, vorbei an den übereinander gestapelten Gräbern der Toten, der Kies beantwortet meine Schritte. Die ersten Lichter sind angegangen, Nebel steigen vom Fluss auf und schlingen sich um die hohe Tafel mit Gesetzen und Verboten, die die Tokugawa hier in vergangenen Zeiten aufgestellt haben, sie winden sich um die Brücke, den Fußweg entlang, spinnen mich ein und bringen mich nach Hause. Ich stelle meine Schuhe neben vier Paar Bergschuhe, die Wanderer haben bereits gebadet, und wir müssen zu Tisch, lachend, verbeugend, kostend, die sprachlose Verbrüderung von Menschen unterwegs. Der Sake bewirkt eine Wohligkeit, das Bad besorgt den Rest, heute abend gehe ich nicht gleich zu Bett, heute abend übersetze ich ein Gedicht. Und während ich im *minshuku* die jungen, gedämpften Stimmen höre, lasse ich mich auf die Worte Han-Shans ein, eines chinesischen Dichters, der zur

Zeit der Tang-Dynastie als Eremit an einem Berghang bei T'ien-T'ai lebte.

Sie fragen nach dem Weg zum Kalten Berg.
Kalter Berg: Dort führt kein Weg hin.
Im Sommer wird das Eis nicht schmelzen
Die aufgehende Sonne verschwimmt im
tanzenden Nebel.
Wie ich hingekommen bin?
Mein Herz ist nicht das gleiche wie dein Herz.
Wenn dein Herz so wäre wie mein Herz
Würdest du es verstehen, dann wärst du schon hier.

Wenn du den Weg zum Kalten Berg hinaufgehst,
Führt die Spur zum Kalten Berg weiter und weiter:
Die lange Schlucht, verstopft von Disteln und Felsen,
Der breite Flusslauf, das nebelverschleierte Gras.
Das Moos ist glitschig, obwohl kein Regen gefallen ist,
Die Kiefer singt, aber es weht kein Wind.
Wer kann die Verbindung zur Welt abbrechen
Und setzt sich zu mir zwischen die weißen Wolken?

Kalter Berg ist ein Haus
Ohne Balken und Wände.
Die sechs Türen links und rechts sind geöffnet.
Die Diele ist der blaue Himmel,
Die Zimmer sind alle leer, ohne Form.
Die Ostwand grenzt an die Westwand
Und in der Mitte ist nichts.

Wenn ich mich auf dem Kalten Berg verstecke
Und von Bergpflanzen und Beeren lebe
Mein Leben lang, warum machst du dir dann Sorgen?
Jeder folgt seinem Schicksal bis zum Ende,
Tage und Monate gleiten wie Wasser dahin,
Zeit ist nur ein Funke, aus dem Feuerstein geschlagen.
Geh du nur weiter in der sich drehenden Welt,
Ich sitze hier glücklich, allein, im Stein.

Von Anfang an war der Kalte Berg meine Wohnung
Zwischen den Hügeln umherwandernd, fern
    vom Getöse.
Weg, und tausend Dinge hinterlassen keine Spur.
Los, und alles strömt an unendlich vielen
    Sternen vorbei.
Kein Ding, und doch steht es vor mir.
Jetzt kenne ich die Perle des Buddha-Wesens
Und kenne ihren Gebrauch: grenzenlos vollendet
    und so rund wie eine Null.

Februar 1987

1 Vgl. »Die Reise des Toten Mannes«, in: Cees Nooteboom, *Gesammelte Werke*, Bd. 6, Frankfurt am Main 2004, S. 721 ff.

Endlose Kreise

BEI WEITEN REISEN GIBT ES unweigerlich stets eine zweite Ankunft: die, wenn man wirklich angekommen ist. Die erste, eigentliche Ankunft zählt dann bereits nicht mehr – sie gehört noch zu demjenigen, der man jetzt nicht mehr sein will, den man in jenem anderen Erdteil zurücklassen wollte, der im Flugzeug, im Taxi zum Hotel jedoch an einem hängenblieb, der lästigerweise nicht von einem weichen sollte, während man unterwegs zu jenem erträumten Augenblick war, da der Reisende eins wird mit dem Bild seiner Sehnsucht, dessentwegen er sich auf die Reise begeben hat. Welches dies sein wird, lässt sich im voraus nie genau sagen, doch wenn es soweit ist, erkennt man es zweifelsfrei: Dies ist es.

Dies ist es. Der Fluss, das Mädchen, der Fischer, die Brücke, die japanischen Hügel am anderen Ufer. Damit beginnt es bereits: Weshalb sollte man japanische Hügel japanische Hügel nennen? Ist das nicht Fiktion? Vielleicht, doch ich erkenne sie von Darstellungen auf *kakemonos* und Wandschirmen wieder, sie haben oft etwas Plötzliches an sich, als wären sie eben erst, kurz bevor man sie sah, entstanden, eigenartige, hohe Aufwölbungen in einer ebenen Landschaft und bewachsen mit verschiedensten Bäumen in hundert Grün- und Rottönen. Solche Hügel gibt es nirgendwo sonst. Das Mädchen in seiner Schuluniform sitzt am Ufer und liest, ich wüsste gern, was. Es ist so in sein Buch vertieft, dass man meinen könnte, es sei in der Landschaft festgewachsen, genauso wie auch der Fischer bereits hundert Jahre im Wasser steht, eine Silhouette im schnellfließenden Fluss. Mädchen, Fischer, Hügel, Fluss, am anderen Ufer ein Feuer und Männer in Weiß, die etwas tun, was ich nicht erkennen kann.

Es war mein erster Tag in Kioto. Etwas hatte mich davon abgehalten, mich gleich in die übermächtige Stadt zu stürzen, die ich von früher her kannte. Erst wollte ich hinaus. Die spärliche Landschaft, die vom Superexpress aus zu sehen war, hatte mir nicht genügt. Ich hatte von einem Fluss gelesen, von Tempeln, die westlich der Stadt, in einer Gegend, in der ich noch nie gewesen war, irgendwo in den Hügeln liegen mussten, von einem Wasserfall und von einer Brücke, die Togetsu hieß und die alle Großen gezeichnet hatten.

Ohne die Brücke vor mir zu haben, hatte ich diese Zeichnungen vor meinem geistigen Auge gesehen, und jetzt war ich da und stand am Wasser des Oi und blickte auf die Hügelkette mit den Kiefern, Ahorn- und Kirschbäumen, die einst, im dreizehnten Jahrhundert, von Kaiser Kameyama nach Arashiyama verpflanzt worden sein sollen. Arashiyama, dieses Wort hatte mir gefallen (Reisende glauben an den Zufall), ich hatte es nachgesprochen und den Bus gefunden, der vom Keihan-Sanjo-Bahnhof aus dorthin fuhr, eine ziellos scheinende, endlose Fahrt mit Schulkindern, die hinein- und wieder hinausfluteten und auf ihren Rüttelsitzen mit dem angespannten Gesicht von Managern einschliefen, die einen harten, arbeitsreichen Tag hinter sich haben.

In Arashiyama angelangt, sah ich, dass es vielleicht nicht mehr als ein ferner Außenbezirk der Stadt war, aber diese lag nun hinter mir, und auf der anderen Seite des Flusses brannte jenes rätselhafte Feuer. Dort zog es mich hin, doch sobald ich die ersten Schritte auf die Brücke getan hatte, geschah etwas Seltsames. Ich vervielfachte mich, ging nicht mehr allein, um mich hatte sich plötzlich eine Menge gebildet, die anschwoll und mich, ohne auf mich zu achten, in ihrer Mitte aufnahm und auf das Feuer zuschob. Ich hatte mich bereits daran gewöhnt, dass man in Japan so gut wie nie ohne andere Menschen ist, doch nun war ich ein Regentropfen in einer Wolke geworden, einer fröhlichen, plappernden, schrumpfenden und wieder anschwellenden Wolke, die sich auf dieses Feuer zubewegte, das von den weißgekleideten Männern, soviel konnte ich jetzt erkennen, angefacht wurde, bis es hoch aufsprang und dann wieder mit einer neuen Holzkohleschicht beschwichtigt wurde, über die man Roste legte und darauf kleine aufgespießte Fische. Mitten durch ihre silberblauen gekrümmten Leiber gingen die Spieße, so dass es schien, als bewegten sie sich noch immer auf dem Rost. Die Wolke hatte sich jetzt zu Schleifen drapiert, eine lange Menschenschlange, zu der ich nicht mehr gehörte. Ich ging nach vorn, um zu sehen, was da geschah. Dort stand ein überdachter Holztisch, an dem die Fische ausgeteilt wurden. Auf dem Plakat, das da hing, war ein Fisch zu sehen, aber das war, mit Ausnahme des Datums, alles, was ich erkennen konnte. Nacheinander rückten die Leute in der Schlange vor und erhielten jeder einen Fisch und eine Dose Bier im Tausch für eine Marke, aber ich hatte keine Marke, und man konnte auch nirgends eine kaufen, daher blieb ich dort noch ein wenig stehen und sah zu, wie die Wartenden und die Essenden einander filmten und fotografierten. Ich fragte ein Mädchen, was hier eigentlich los sei. Sie kicherte und verbarg ihr Gesicht in den Händen. Dann zeigte sie auf die weißen Männer und den Fluss und sagte: »*First fish, first fish.*« In diesem Augenblick schwang ein alter Fischer mit spitzem Schilfhut, wie ich ihn auf Bildern von Hiroshige und Hokusai gesehen hatte, den glitzernden Blitz eines Fisches aus dem Wasser. Jetzt kam einer der weißgekleideten Männer auf mich zu und drückte mir eine Marke in die Hand. Zahlen durfte ich nicht, und während das Mädchen, das Gesicht noch immer halb in der Hand verborgen, zu seinen Freundinnen lief, stellte ich mich ganz hinten in die Schlange, die langsam, langsam zum Feuer und dem Holztisch vorrückte, an dem ich meinen Fisch bekommen würde. »*Name, name*«, fragte ich, als ich ihn in der Hand hielt, und man antwortete mir: »*Ayu, fish ayu.*« Erst später begriff ich, dass dies der Auftakt der Saison war und dass die Leute aus weitem Umkreis in die *kaiseki*-Restaurants von Arashiyama pilgerten und Unsummen für eine *ayo*-Mahlzeit bezahlten. Was ich miterlebt hatte, war die volkstümlichere Version, eine Firma, die ihrer Belegschaft diesen Ausflug spendiert hatte. Bei jedem Bissen wurde ich fotografiert und gefilmt, auf Hunderten von Videos hockt der Fremde in unbeholfenem Lotussitz zwischen den Firmenangehörigen und genießt seinen *ayo*.

Hokusai, Hiroshige. In was für ein Japan bin ich eigentlich gekommen? Ich gehe zur Brücke zurück und sehe, dass auch Japaner stehenbleiben, um den Fischer mit seinem Hut zu fotografieren. Aus geflochtenem Schilf ist dieser Hut, ich täusche mich nicht, als ich ihn von alten Bildern wiedererkenne, nicht einer der anderen Fischer im Fluss trägt noch einen solchen Hut. Dies ist meine vierte Japanreise, jeder Reisende, denke ich, kennt das Repertoire der Gegensätze zwischen dem, was er sieht, und dem, was er erwartet hat. Er sucht die Bestätigung eines inneren Bildes, selbst wenn er weiß, dass dieses Bild eine Fälschung ist. Wer in Florenz ausschließlich die Renaissance sehen will, weiß, dass er sich selbst betrügt, und gleichzeitig beschäftigt er sich mit Formen von Wahrheit. Verzerrten Formen, entstellter Wahrheit, mit etwas, was es gegeben hat und nicht mehr gibt und doch noch gibt. Kirchen, Statuen, Gemälde. Oder, wie hier, Tempel, Schreine, Gärten. Nach ihnen macht der Reisende sich auf die Suche und begibt sich in den Sumpf der Widersprüche. Zwar befindet er sich nun an dem Ort, an dem die Kunst, die er sucht, entstanden ist, aber er kommt zu spät. Zu dem Punkt in der Zeit, an dem er eigentlich sein wollte, kann er nie mehr gelangen. Das Paradox, in dem er sich befindet, verdoppelt sich, denn da es mit der Zeit nicht mehr stimmt, ist auch mit dem Ort etwas verkehrt. Was er suchte, hat seinen Platz verloren, weil nichts an diesem Ort geblieben ist, was es war, und in dieser doppelten Fälschung hat der Reisende keine Wahl. Er hat bereits gewählt, er kann nichts anderes tun, als die Vergangenheit zu eliminieren, indem er sie missbraucht: Mit der U-Bahn von heute fährt er zum Tempel von damals, den er sich unverändert vorstellt, während doch alles ringsum verändert oder verschwunden ist. Nur so kann er in dem Früher verweilen, nach dem er gesucht hat.

Dann wird der Fischer von 1992 der Fischer Hiroshiges von 1833, und, dieses Bild noch auf der Netzhaut, gehe ich am Fluss entlang und suche einen Ort zum Essen. Das kleine *minshuku*, das ich finde, liegt an einem schattigen Fleck über dem Wasser. Eine alte Frau öffnet mir, ich stelle meine Schuhe neben die anderen Paare, die dort stehen, und gehe über sanft federnde *tatami* zum offenen Fenster, wo ich mich hinhocke. Hinter mir höre ich das leise gurgelnde Gespräch zweier Frauen, in einer Nische auf der anderen Seite des Raums hängt eine Kalligraphie, eine wilde, in einer Sekunde aufs Papier geworfene schwarze Form, die das Geheimnis ihrer Bedeutung vor mir verborgen hält. Ein Gedicht, ein Name, ein Ausruf – alles ist denkbar, doch ich lasse es gut sein, weil die Zeichnung kraftvoll ist und mich an alles mögliche denken lässt, mein Auge kann sich darin verlieren. Wenn ich hier bin, befinde ich mich in einem Gespinst verschleierter Bedeutungen, was ich nicht verstehe, vermischt sich mit dem, was ich lesen kann. Mein Japan ist ein Japan der Bücher. Zwei sind es, die ich auf diese Reise mitgenommen habe, um sie noch einmal zu lesen, und auch das ist eine Verschleierung, denn diese Bücher wurden vor fast tausend Jahren von adligen Frauen am kaiserlichen Hof von Kioto geschrieben, das damals noch Heian hieß. Das eine ist *Das Kopfkissenbuch einer Hofdame* von Sei Shonagon. Das andere, *Die Geschichte vom Prinzen Genji* von Murasaki Shikibu, ist der erste geschriebene Roman, ein *roman-fleuve* à la Proust voller Intrigen und Liebesgeschichten rund um die Gestalt Genjis, des strahlenden Prinzen. À la Proust, diese Umschreibung ist natürlich nur ein Hilfsmittel, aber ebenso wie der geniale Roman Marcel Prousts vermittelt die Geschichte Genjis auf mehr als tausend Seiten das Bild einer Welt, die Lichtjahre von uns entfernt ist und uns dabei doch, dank der Charakterisierung der Figuren, ganz nahe scheint. Vieles von dem, was wir heute als »typisch japanisch« betrachten, existierte damals noch nicht, weder *zen* noch *samurai*, weder *geisha* noch *sashimi*, weder *haiku* noch *kabuki*. Das Leben bei Hofe war auf dem Höhepunkt der Heian-Kultur eine unendlich verfeinerte, von einer verblüffenden Etikette regierte, von jahreszeitlichen Veränderungen bestimmte Aufeinanderfolge von Ritualen, ein hierarchisches Geflecht von Rängen und Positionen (erste Konkubine, dritte Prinzessin, Minister zur Linken, Hauptmann der Mitte, Kammerherr des sechsten Ranges) samt den entsprechenden Nuancen in Kleidung und Auftreten. Selbst beim Lesen hat man noch das Gefühl, auf Glas zu gehen in einem schwebenden Palast voll verborgener Zeichen, geheimer Symbolik, Anspielungen in Namen, Beinamen und Titeln. Das Volk existierte nicht, und das größte Unglück bestand darin, verbannt zu werden oder ein Amt in der Provinz zu erhalten; der kaiserliche Hof war der Kosmos, außerhalb davon war das Leben nichts wert. Die Höflinge kommunizierten in Form von Gedichten miteinander, jede Blume, jede Geste hatte eine bestimmte Bedeutung, auch moderne Japaner können diese Bücher ohne Kommentar und ohne Übersetzung nicht lesen. Und doch: Trotz der doppelten Schicht der Übersetzung und des Alters wird man in jene vergangene Welt gesogen, eingesponnen in die Faszination von Leben, deren Existenz man in der vergangenen Wirklichkeit des elften Jahrhunderts kaum für möglich hält; eine Insel in der Zeit, zu der keine Rückkehr möglich ist, außer auf den Seiten eines Buchs.

Es sind Menschen, denen man dort begegnet, Wesen der eigenen Art mit Leidenschaften, Ängsten, Eifersüchten – erkennbarer als die emblematischen Gestalten unserer mittelalterlichen Heldenlieder, bei denen man meist nicht mehr zu sehen bekommt als den äußeren Schild ihrer eindimensionalen Seele, nie die Rätselbewegungen der Seele selbst. Bei Murasaki Shikibu ist das anders. Modern ist auch hier wieder ein unbeholfenes Wort, aber wenn eine Frau im Jahr 1000 etwas schreibt, das mich heute noch berührt und rührt, so kommt das daher, weil zwischen der Verfasserin, ihren Gestalten und dem Leser eine psychische Spannung entsteht, die das Jahrtausend, das sie trennt, urplötzlich zunichte macht. Solche Dinge zählen zu den Wundern. Nur Kunst vermag sie zu bewirken, und hier rührt man auf geheimnisvolle Weise an ein Rätsel: Wie macht man mit Hilfe von Fiktion aus einer Wirklichkeit Fiktion? Denn ebendies geschieht hier. Murasaki benutzte wie Proust die sie umgebende Wirklichkeit – das Leben am Hofe von Heian im zehnten Jahrhundert – für ihre Fiktion. Dadurch bewahrte sie für uns, die wir tausend Jahre später leben, eine Wirklichkeit, die so undenkbar geworden ist, dass sie wie reine Fiktion aussieht. Mir kam der Gedanke immer merkwürdig – und gleichzeitig auch wunderbar – vor, dass diese beiden Wirklichkeiten nebeneinander existiert haben, ohne voneinander zu wissen: das Europa der apokalyptischen, endzeitlichen Phantasien, eine Zeit der Finsternis und der Katastrophen, roh und gefährlich, und der weltabgewandte, kaum noch mit der Alltagswirklichkeit in Verbindung stehende Hof in Heian, der nur für sich selbst dazusein schien, eine bis zum äußersten kodierte Welt, in der jeder, der eine Rolle spielte, im Besitz eines unerschöpflichen Schatzes an klassischer chinesischer und japanischer Poesie war, eines Arsenals, das man stets bei sich trug, auswendig kannte und jederzeit einsetzen konnte. Das führt nicht nur zu einer extremen

Verfeinerung, sondern auch zu einer indirekten Ausdrucksweise, die das Gefühl der Unwirklichkeit verdoppelt, so dass der moderne Leser in seiner Unwissenheit und vulgären Eile den Faden mitunter fast völlig verliert. Am deutlichsten wird das im Grunde bei der Figur Genjis selbst. Er erlebt eine unendliche Zahl von amourösen Abenteuern und Affairen mit sehr unterschiedlichen Frauen, und es gibt praktisch nicht eine dieser Annäherungen, Verführungen, Eroberungen, Abschiedsszenen, die nicht begleitet, gesteigert, verschleiert wäre durch den Austausch kurzer Gedichte aus dem siebten und achten Jahrhundert. Die Kodierung der Empfindungen ist dabei so stark, dass der eine stets weiß, was der andere meint; ein paar Worte, ein Bild, eine Ortsangabe genügen, das Zitat tritt an die Stelle der Darlegung oder Erklärung, es drückt Verlangen aus, Wut, Bitterkeit, Ohnmacht, Trauer, Geilheit – und gleichzeitig ist es ein Schleier und ein Schirm, so dass man den Eindruck hat, ein langsames, lautloses Ballett werde hier aufgeführt. Wenn nicht gesprochen wird, gehen Briefe hin und her, und auch hier bestimmt der Kode: welches Papier, welche Farbe und Farbnuance, welches Zitat, wie beantwortet, welcher Duft (auch, oder gerade bei Männern). Das alles kann für den heutigen Leser eigenartige Folgen haben. Was für uns in einer Verführungsszene der Höhepunkt wäre, hat manchmal bereits stattgefunden, ohne dass man es gemerkt hat – etwa so, wie man vor lauter Eile an einem Haus vorbeifährt. Dem damaligen Leser genügte eine Nuance in einem Satz oder das begleitende Zitat: Der Akt selbst brauchte nicht explizit erwähnt zu werden. Das verleiht diesen Szenen etwas sehr Geheimnisvolles. Das, worum es geht, wird nicht gesagt, und für das, was man nicht selbst sagen wollte, standen zwei klassische Anthologien zur Verfügung, das Manyoshu aus dem achten und später das 1111 Gedichte umfassende Kokinshu aus dem zehnten Jahrhundert. Hier nun ein Beispiel für die für uns undeutbaren Verweise, labyrinthischen Anspielungen, Schicht- und Bedeutungsverschiebungen. In William J. Puettes *Guide to the Tale of Genji by Murasaki Shikibu* gibt es eine Liste der Hauptfiguren dieses über tausend Seiten dicken Buches. Einer dieser Namen ist … Murasaki, also der Name der Verfasserin ebendieses Buches: »Lady Murasaki, Murasaki-no-ue (wörtlich: Lady Lavendel/Purpur, die Farbe des Blauregens). Sie ist die verlassene Tochter des Prinzen Hyobu, wird als Kind von Genji aufgezogen und wird, noch immer sehr jung, seine zweite Frau. Sie ist die eigentliche romantische Heldin des Romans; die Verfasserin leitet ihren Namen von dieser Figur her« – das also ist so ähnlich, als würde Thomas Mann in der Literaturgeschichte als Hans Castorp, Verfasser des *Zauberbergs*, weiterleben. Proust hat das übrigens selbst geregelt, indem er seine Hauptfigur Marcel nannte.

Doch das ist noch nicht alles. In ihrer Studie *The Splendor of Longing in the Tale of Genji* geht Norma Field ausführlich auf die Gedichte sowie die Anspielungen in den Gedichten ein, die Genji und Murasaki deklamieren. Um diese Anspielungen richtig zu verstehen, muss man wissen, dass nur die höchsten Adelsränge Purpur tragen durften, wobei die dunkleren Schattierungen Prinzen des herrschenden Fürstenhauses vom vierten Rang aufwärts und Beamten vom ersten Rang vorbehalten waren, während »normale« Prinzen vom zweiten bis fünften Rang Purpur in einem »Ton« tragen durften, der zwischen hell und dunkel lag, und Purpur im allgemeinen auch noch eine Konnotation von kaiserlicher Regierung, buddhistischem Gesetz und taoistischem Paradies besaß. Das alles schwingt also mit, aber auch die Tatsache, dass ein tieferer oder weniger tiefer Purpurton zusätzlich ein Indikator für größere oder weniger große Intimität in einer Beziehung war. Und damit noch nicht genug – immerhin hatten sie Hunderte von Jahren Zeit, dieses Bezugssystem zu entwickeln, mit der Außenwelt gab sich der Hof ja nicht ab –, denn *murasaki* ist auch noch der Name einer zum Färben benutzten Pflanze, und zwar einer, deren Wurzeln einen *bestimmten* Purpurton ergeben. Auch damit wird von Anfang an von der Verfasserin gespielt, die selbst Murasaki heißt, und von ihrer Hauptfigur, Genji, der von dem Augenblick an, als er die fiktive Murasaki zum erstenmal erblickt, in sie verliebt ist, weil sie einer anderen Geliebten gleicht, der er sich nicht mehr nähern kann, weil sie die Gemahlin seines Vaters, des Kaisers, ist. Bei jenem ersten Anblick hat er denn auch sogleich ein Gedicht zur Hand, das er für sich murmelt (doch die Verfasserin Murasaki hat es gehört):

Wie gerne nähm' ich
sie bald in meine Hand,
das junge Gras,
das um die Wurzel sich rankt
des schönen Purpurgrases.[1]

Dass es darüber hinaus Gedichte aus dem Manyoshu (Nr. 20 und 21) gibt, aus denen hervorgeht, dass das *Wort* murasaki im Verlauf einer dreihundertjährigen Tradition nach und nach sowohl mit verbotener Liebe als auch mit höchster Schönheit assoziiert wurde, vermittelt einen Eindruck vom Wald der verborgenen Deutungen, in dem der arglose spätere Leser umherirrt.

In dieser Beziehung ist Sei Shonagon direkter, doch sie schrieb auch keinen Roman, sondern ein Tagebuch. Sie war für ihre scharfe Zunge bekannt, und an ihren berühmten »Listen« kann man sehen, warum. Jemand, der scharf beobachtet, urteilt auch scharf. Zum Beispiel über Verfall, oder, wie sie es ausdrückt:

»Was nur an die schöne Vergangenheit erinnert:
Eine alte Strohmatte, deren besonders schöne,
farbig gewobene Umrandung fadenscheinig
geworden ist.
Ein Wandschirm, dessen chinesisch bemalte
Oberfläche zerrissen ist.
Ein weißer Rock eines offiziellen Kostüms,
dessen blaues Muster verblasst ist.
Ein erblindeter Maler.
Traubenfarbiger Stoff, der verblasst ist.
Ein alter Mann, der in seiner Jugendzeit als
Frauenjäger bekannt war.«
Oder, gleich danach: »Was kein Vertrauen erweckt:
Ein Mann, der leicht seine Liebschaften vergisst.
Ein Kammerherr vom sechsten Rang mit
grauem Haar.
Der erste Gewinner beim Würfelspiel.
Ein Boot mit gehissten Segeln, wenn es stürmt.«

Und dennoch kann man auch Sei Shonagon nicht unschuldig lesen. Beide Schriftstellerinnen schöpfen schließlich aus einer wirklichen Welt, mochte sie noch so unwirklich sein. Und in dieser Welt galten Gesetze, die, auch wenn sie ausschließlich protokollarische Ästhetik betrafen, so eng mit den Machtpositionen innerhalb dieser ephemeren Gesellschaft verbunden waren, dass jede Bewegung und Begegnung von ihnen beherrscht wurde. »Siebzehn Hofdamen des Kaisers kamen in die Gemächer der Kaiserin. Die Dame Tachibana vom dritten Rang bediente den jungen Prinzen, den Bruder des Kaisers. Als Platzanweiserinnen traten auf die Damen Kodayu und Genshikibu an den beiden Seiten der Halle und Koshosho in der Mitte. Ihre kaiserlichen Hoheiten befanden sich im *chodai*. Die Strahlen der Morgensonne fielen gerade herein. Es war ein blendender und ehrfurchtgebietender Anblick. Seine Majestät trug einen informellen Kimono *(noshi)* mit langer Schleppe und einen an den Knöcheln zusammengefassten Hosenrock *(koguchi-bakama)*, Ihre Majestät die übliche rote Robe und darunter eine Reihe von Gewändern in ›roter Pflaumenblüte‹, im ›Gelb von Lauchschösslingen‹, in ›Weide‹ und ›Goldröschen‹. Über ihrer Robe trug sie noch ein Übergewand aus in Traubenfarbe geköperter Seide und darüber ein gefüttertes Übergewand in ›Weide‹ mit Weiß im oberen Teil.«

Da stehen sie, und selbst wenn ich nicht genau weiß, was ein *chodai* ist, sehe ich sie doch vor mir, ein ganz klein wenig bin ich dabei, auch wenn es jetzt tausend Jahre später ist. Diese Gewänder kenne ich, nicht nur, weil ich ein schönes Buch besitze, in dem sie abgebildet sind (*Iconography of The Tale of Genji* von Miyeko

Murase), sondern auch, weil ich einmal in Brüssel eine Ausstellung mit *takakura*, kaiserlichen Gewändern, gesehen habe. In dem dazugehörigen Katalog erläutert der Verfasser, W. van de Walle, die Symbolik der Kleidung: »Ein und dieselbe Farbe konnte auch je nach Jahreszeit anders bezeichnet werden, oder ein und dieselbe Bezeichnung konnte je nach Kleidungsstück eine andere Farbschattierung meinen. (…) In der oben zitierten Passage war die Rede von in ›Kirschblüte‹ geköperter Seide. In diesem Fall bedeutet das, dass der Kettfaden weiß ist und der Schussfaden dunkelrot. Wenn sich der Ausdruck dagegen auf ein Gewand bezieht, meint man damit: außen weiß und innen dunkelrot. ›Rote Pflaumenblüte‹ bedeutet demnach ›rot‹ (Kette, außen) mit ›dunkelrot‹ (Schuss, innen). ›Gelb von Lauchschösslingen‹ ist innen oder außen gelb oder außen hellgrün und innen hellblau *(hanada)* (…).«

Will ich das alles wissen? Ich war doch kein Semiologe? Was gehen mich die höheren Formen von Wahnsinn aus einer für immer vergangenen Zeit an? Ich blicke auf den Fluss, der dort unter mir liegt, und sehe ein schmales Holzschiff mit ein paar Leuten an Bord, einen Mann mit einer langen Stange, der am Bug steht und das Schiff stakt. Hier war es, hier befand sich einst diese Welt, die Hügel, Berge, der Fluss, sie sind nicht verschwunden, nur die Menschen gibt es nicht mehr. Sie haben ihren Kode mitgenommen und in Worten zurückgelassen, und wenn ich die Worte lese, verspüre ich eine unbändige, wollüstige Neugier auf dieses so unendlich mehrdeutige System von Spielregeln, dieses Flimmern von Zeichen, die verstanden werden wollen, und sei es nur deshalb, weil es das einmal tatsächlich gegeben hat, die Bewegung, die Verneigung, die Bedeutung, die Farbe, die Nuance, die Stimmen: greifbar hier und zugleich völlig unzugänglich in der Zeit, ein Planet, auf dem wir nie werden landen können, von dem uns jedoch zwei Bücher Bilder übermitteln, Raumfahrzeuge, bemannt (!) mit Frauen, schon tausend Jahre unterwegs.

Die alte Frau lacht, als erriete sie meine Gedanken; sie hat ein Becken mit glühenden Holzkohlen gebracht und stellt nun einen Topf mit *yudofu* darauf, die weißen Tofu-Stücke schwimmen in der brodelnden Suppe herum, neben meinem Tisch hockend schaut sie zu, wie ich die weichen Würfel mit den Stäbchen einfange und in die Soße tunke. Erst als sie sieht, dass ich die Handhabung beherrsche, lässt sie mich allein und schlurft unter leisem Kimonogeraschel von dannen. Hinter mir gluckert und gurgelt das Gespräch der beiden Frauen, die langen Sätze der Erzählung, die hohen Töne des Staunens. Ich weiß, dass es Worte und Sätze und damit Mitteilungen sind, die dort hin und her gehen, doch für mich sind es Klänge, ein leises Radio, das mich umschwebt und das zum Frieden des Nachmittags gehört.

Während ich lausche und nicht lausche, versuche ich mir vorzustellen, wie die Stimme Murasakis in den Intonationen des höfischen Japanisch im elften Jahrhundert geklungen haben mag, wenn sie mit der Kaiserin sprach oder mit einem Liebhaber, eine Sprache, die vom für sie nicht wirklich existierenden Volk nicht zu verstehen war, und während ich zu den Hügeln am anderen Ufer und auf den Fluss schaue, die sie noch gekannt hat, sehe ich sie in der architektonischen Hülle ihrer Hofkleidung, die manchmal mehr wog als der Mensch, der sie trug. Es ist Sommer, also würde sie die Farben und Symbole des Sommers tragen und in Gedanken an dem Roman weiterspinnen, der zu ihrer Zeit nicht weiter gelangen sollte als bis zum Hof, wo keiner der Höflinge, auch sie selbst nicht, von dem Fremden zehn Jahrhunderte später wusste, der sich wie ein unsichtbarer Voyeur, ein Eindringling aus dem unvorstellbaren Reich der Zukunft in ihr Leben wagen würde.

Und auch Sei Shonagon hätte nicht verstanden, dass Menschen ihr *zuihitsu*, die Tagebuchblätter ihres Kopfkissenbuchs (sie verwahrte die Blätter in dem Holzkissen, auf dem sie schlief) in Sprachen lesen würden, von deren späterer Existenz sie keine Ahnung haben konnte.

Auf dem Umschlag der Penguin-Ausgabe ihres Buches ist eine Abbildung der ältesten erhaltenen Illustration der *Geschichte vom Prinzen Genji* zu sehen, Rollbilder aus dem zwölften Jahrhundert, als das Buch schon über hundert Jahre alt war. Ich wusste, dass sich die Originale im Gotho-Museum in Tokio befinden, und war voll guten Mutes dorthin gegangen, doch sie werden nur ein einziges Mal im Jahr, im Oktober, eine Woche lang ausgestellt. Und jetzt war Juni. Vielleicht können Sie im Oktober wiederkommen? Nein, dann konnte ich nicht wiederkommen, und so kaufte ich den Katalog, den ich nicht lesen konnte, und blätterte traurig unter den Zedern im Museumsgarten in den goldenen Seiten mit der tropfenden Spinnenschrift und betrachtete die Abbildungen der Höflinge mit ihren seltsam lackierten, hochgeklappten Kopfbedeckungen, ihren runden weißgepuderten Gesichtern (bei Männern wie Frauen ein Schönheitsideal), die Augen so schmal wie Striche unter den viel breiter gepinselten Brauen, all die Szenen aus dem Buch, die ich zu erkennen versuchte, ohne die Bildtexte zu verstehen. Doch die abgebildeten Wesen schienen nun plötzlich unendlich fern. Den flötespielenden Genji erkannte ich gerade noch, wo aber waren Ukifune mit dem Beinamen »Treib-Boot«, wo der wundersam duftende Kaoru, wo Yugao, »Abendgesicht«, die so früh sterben wird? Ich erkenne sie nicht in ihren verhüllenden Kleiderbergen, alles ist unwiderruflich anders in der schrägen Perspektive dieser Zeichnungen. Erst später, wenn man selbst in den Galerien der Tempel und Paläste Kiotos umhergewandert ist, versteht man, wo dieser verquere Zeichenstil herkommt, der dem westlichen Auge so fremd ist. Immer wieder wird man von der Art und Weise überrascht, wie das eigene Sehen gefordert wird, gezwungen, nur einen bestimmten Ausschnitt eines Gartens zu sehen. Ein Stellschirm, ein plötzlicher Blick durch einen erstarrten, sich in absolut geometrischer Ruhe befindlichen Raum auf die scheinbar bizarre Form eines Baumes an der gegenüberliegenden Galerie. Scheinbar, denn alles ist Komposition, Absicht, Symbol, geordnete Natur, die die ungeordnete Natur der »wirklichen« Welt darstellt und steigert.

Eine Woche lang werde ich sie in Kioto durchstreifen, Gärten von bunter Üppigkeit und Gärten von äußerster Kargheit, Gärten, die den Ozean darstellen sollen, und Gärten, die mit einer einzigen Pflanze den Wechsel der Jahreszeiten ausdrücken. Und es ist nicht zu vermeiden: Während jeder Garten für sich in meiner Erinnerung fortbesteht, ist es doch auch, als hätte ich diese Woche in *einer* endlosen Gartenlandschaft verbracht, Azaleenorgien neben kahlen Felsblöcken, die Inseln darstellen sollen, Kiefernschatten auf Seerosen, unstatthafte Bastardformen, die ich später anhand von Büchern und Fotos wieder trennen werde.

Es hätte in dieser Woche regnen sollen, jeder sprach davon, doch es passierte nicht, ich ging von Tempel zu

Tempel, anachronistisch wanderte ich zwischen Epochen hin und her, ökumenisch verband ich Shinto-Schreine mit buddhistischen Tempeln, wie die Japaner dies im täglichen Leben selbst tun, lieferte mich dem Durcheinander von Baustilen und Sekten aus, lauschte dem Gemurmel von Springbrunnen, sah das vulgäre und das erhabene Gesicht dessen, was Religion genannt wird, saß fern der Stadt stundenlang allein auf einer Veranda und starrte auf einen bemoosten Stein und ließ mich inmitten einer stumpfen Menschenmenge mit Fähnchen in der Hand an Wandbildern vorbeischieben, die ich, lange nachdem ich bereits wieder durch die hohen Tore hinausgetrieben worden war, gerne noch einmal betrachtet hätte, und sei es nur, um zu überprüfen, ob tatsächlich keine Schatten auf ihnen zu sehen sind. Auch dafür, was *nicht* da ist, muss man sich Zeit nehmen: Das Fehlen von Schatten war, ohne dass man dies für sich selbst benannt hätte, das, was einen an diesen Darstellungen nicht losließ, dessentwillen man hätte bleiben mögen. In Kioto muss man eine Zeitlang leben, so wie man auch in Florenz leben müsste.

Alles andere ist nur Berührung, Passieren, die Sehnsucht nach Rückkehr noch vor der Abreise, eine Sucht, die an jenem ersten Nachmittag in dem Gasthaus am Fluss begann, eine Woche, so flüchtig wie ein Boot, das im Nebel vorbeifährt, einer jener ephemeren, ungreifbaren Augenblicke im eigenen Leben, die ein Gewicht erlangen, das ihre begrenzte Zeitspanne weit übersteigt, Tage, an denen Gelesenes und Gesehenes ungeahnte Verbindungen eingehen und an denen alles stimmt, weil man es so will. Den kleinen Gasthof hatte ich auf einem dunklen Hügelpfad verlassen. Okochi-Sanso wollte ich besuchen, die Villa eines verstorbenen Schauspielers aus der Stummfilmzeit, und irgendwo musste auch ein Tempel liegen, Tenriyu-ji, einer der acht Haupttempel der Rinzai-Sekte des Zen-Buddhismus, mit einem Teich von der Form eines chinesischen Schriftzeichens, das die Japaner wie »kokoro« aussprechen, erleuchtetes Herz, »was man erlangt, wenn man zum Buddha-Wesen vordringt«. Ich musste an die letzten Zeilen eines Gedichts von Han-Shan denken: »Jetzt kenne ich die Perle des Buddha-Wesens und kenne ihren Gebrauch: grenzenlos vollendet und so rund wie eine Null«, doch nichts davon schien mir beschieden zu sein. Die hölzernen Wegweiser gaben das Geheimnis ihrer Zeichen nicht preis, und ich verirrte mich in einen leuchtenden Bambushain, in dem die übermannshohen Stengel sich rauschend neigten, Bambus, den Sei Shonagon einst (unter Verweis auf ein chinesisches Gedicht aus dem dritten Jahrhundert) »Herrn Bambus« genannt hatte, so dass ich mich plötzlich in einem Wald winkender, raschelnder Herren befand, die mir, wie Herren es tun, den Weg zu dem vollkommenen Garten des verstorbenen Filmstars zeigten. In einem Nebengebäude ist dieser noch immer auf Video zu sehen; der Film springt an, sobald man davor steht, in der tödlichen Stille, die zum Stummfilm gehört, rennt der Tote im bläulichen Schein voller Kratzer wie ein eiliger Schemen durch ein *Jenseits ohne Wörter*.

So begann eine Woche der Bilder, ein eigenes, inneres Video, das ich sah, während ich es aufnahm, und das nur dann stoppte, wenn ich schlief, und wahrscheinlich nicht einmal dann. Ich war in der Stadt gefangen, die einst im achten Jahrhundert nach chinesischem Vorbild angelegt worden war und ihrerseits wieder in dem »Lehnstuhl« der sie umschließenden Hügel und Berge gefangen ist. Die meisten Tempel liegen auf diesen Hügeln oder zu ihren Füßen, man muss seine Besuche wie ein Clausewitz planen. Der Reisende ohne Gruppe oder Führer hat es nicht leicht, infolge der »Unlesbarkeit« der Zeichen auf Karten, Bussen und Wegweisern landet man längst nicht immer, wo man will, und für Fragen muss man eine spezielle Technik entwickeln, doch ist man erst einmal am Ziel, fallen Hetze und Ungeduld von einem ab.

Maß und Dimension einer anderen Zeit regieren hier, das Bild der modernen Stadt weicht. Dafür war man gekommen, Ruhe, die die Welt für eine Weile ausschaltet, bewahrte Schönheit. Und stets verweist das, was man sieht, auf etwas, worüber sich kaum etwas sagen lässt, ohne erhaben oder banal zu werden. Wenn es so etwas wie Transzendenz gibt, so wird sie hier sichtbar, in der asymmetrischen Ausgewogenheit der Gärten, der stillen Majestät des kaiserlichen Palastes, dem goldenen, in sich gekehrten Gesicht des Buddha in den *byodo-in*, den asketischen, geharkten Gärten der Zen-Klöster, den runden, reglosen Formen der gestutzten Sträucher, der Stille der dunklen Teiche, die man so lange betrachten kann, bis die äußere Stille die innere geworden ist. Denn was soll man schon über zwei kleine Sandhaufen sagen, spitze, geometrische Formen von äußerster Einfachheit, absolut gleichförmig, die nichts anderes tun als daliegen wie vor einer Sekunde zusammengeharkt, obwohl man an diesem Morgen ein vergilbtes Foto von 1890 gesehen hat, auf dem sie genauso dalagen, genauso still, zu Gedanken herausfordernd. Man möchte etwas darüber sagen und merkt, dass man es nicht kann, der Beginn der Sprachlosigkeit, der ersehnten Leere, in der man ebenso still sitzen bleibt wie die junge Frau, die bereits darin saß, als man die glänzend polierte Galerie betrat. Abends, in der Stadt, trägt man diese Stille noch in sich, man spaziert am Fluss entlang, wo die Verliebten am Wasser sitzen, oder durch die schmalen und belebten Straßen des Geisha-Viertels Pontocho. Einmal folgt man einer weißgeschminkten vorweltlichen Geisha, als wäre es unmöglich, dass sie da einfach so geht, als hätte sie sich genauso verirrt wie man selbst. Unsichtbar ist sie, niemand sieht sie, nur man selbst, bis sie hinter einer Tür verschwindet und man glaubt, alles geträumt zu haben, aber dann, an einem anderen Abend, sieht man sie wieder als weißen Schemen auf dem Rücksitz eines Mercedes, allein, ein Kreidegesicht unter einem manieristisch anmutenden schwarzglänzenden Haaraufbau, jemand aus einer Welt, die nicht bleiben kann, die verschwinden muss, wie die Welt Murasakis und Sei Shonagons verschwunden ist.

Morgens sehe ich hoch oben von meinem Hotelzimmer aus die noch viel höheren Kräne für die neuen Bauten, die das kleine, intime Viertel darunter wegdrücken wollen, und ich weiß, dass unter der Oberfläche von Stille und Schönheit in dieser Stadt ein verbissener Kampf von Intellektuellen und Mönchen gegen die vernichtende Gefräßigkeit der Spekulanten im Gange ist. Die Hauptstadt der Transzendenz ist auf bestimmten Illusionen erbaut: Fünfzigstöckige Hochhäuser, wie sie geplant sind, würden die Perspektive von Tempeln und Gärten unrettbar verderben. Die Gegner tun, was sie können, sie haben eine Anzeige in die *New York Times* gesetzt, um deutlich zu machen, worum es geht: Die Leute, die in den fünfzig Stockwerke hohen Hotels erwartet werden, werden nicht kommen, wenn sie wissen, dass das, dessentwegen sie kommen wollen, durch die Hochhäuser zerstört wird – die Dimensionen, das Spiel visueller Illusionen in vor Jahrhunderten komponierten Gärten, das von einem mächtigen Betonklotz für immer erschlagen wird, Anachronismus als Mord.

Am letzten Tag meines Aufenthalts führt der Zufall, den es nicht gibt, mich zum Chisaku-in, dem Tempel, in dem an diesem Tag der Geburtstag der beiden Begründer des Shingon-Buddhismus gefeiert wird, das Aoba-(Grüne-Blätter-)Fest.

Bereits auf der langen Auffahrt zum Tempel sehe ich Bogenschützen in mittelalterlicher Tracht, und als ich näher komme, höre ich gesungene Sutras. Mönche in Grün und Purpur, ein suggestiver Stakkatogesang, der von Zeit zu Zeit von heftigem Bimmeln oder einem donnernden Schlag auf einen großen Gong unterbrochen wird. Der Priester sitzt mit dem Rücken zu mir da, die Buddhafigur vor ihm ist hinter Stellschirmen mit kostbaren Malereien verschwunden. Auf dem Altar türmen sich Apfelsinen, Grapefruits, Schalen mit Eiern, Kekse. Ich hocke wie die anderen da, kniend, die ungeübten Füße nach hinten gestreckt. Weihrauch zieht durch den Tempel, Beckenschläge ertönen, ich höre die eine, höhere Stimme im Wechsel mit den vielen anderen, dunklen, sehe, wie der Abt in der Hülle seiner Gewänder wie eine alte Puppe in einen Tragesessel gehoben wird, und folge der Prozession ins Freie, lahm vom Knien. Nun passieren verschiedene Dinge, denen ich nicht mehr folgen kann. Während eine Reihe von Mönchen totenstill zuschaut, stoßen die Bogenschützen Kriegsschreie aus, Stimmen, die wie große Messer schneiden. Jemand geht zum Altar, schwingt ein mannshohes silbernes Beil, die anderen schießen Pfeile über die Menge hinweg, die einige zu fangen versuchen, ein hoher Stapel Grünzeug wird angezündet, Schilffächer wirbeln den Rauch auf, das Feuer bringt die Luft zum Flimmern, ein Mann attackiert den Blätterhaufen, ohne ihn berühren zu wollen, und schreit dazu lange Formeln, höher und höher lodert das Feuer auf, während ein auf der Erde sitzender Priester kleine Stöckchen in die Richtung des flammenden Holzstoßes wirft, ich verstehe alles und ich verstehe nichts. Wenn die Menschen mit dem Undeutbaren kommunizieren wollen, verstellen sie ihre Stimme, sie hüllen sich in Seide und Goldbrokat, und Pfeile fliegen durch die Luft, die anders riechen muss als gewöhnlich. Jede dieser Gesten und jedes der Rituale hat eine Logik innerhalb eines jahrhundertealten Systems. Und der Fremde, der es nicht kennt, braucht sich lediglich hinzusetzen und zuzuschauen, und so schaue ich auf den Abt, der aussieht wie eine Schildkröte mit einem Kopf voll heiliger Bücher, nie werde ich wissen, was er denkt, und gleichzeitig weiß ich es aus anderen Klöstern in meinem Teil der Welt mit anderen, den gleichen Riten – das nie endende Gespräch von Menschen mit demjenigen, der nie etwas zurückgibt.

Es ist Abend, als ich nach Tokio fahre. Der Shinkansen hat genau vor meiner Nase gehalten, lautlos wie ein Flugzeug ohne Motoren schleicht er sich weg, die Stadt wird zu einer Lichtbahn hinter den Scheiben. Die Tempel und Gärten, die sich in meinem Kopf zu einer geträumten, unentwirrbaren Reihe formieren werden, liegen unsichtbar in der pechschwarzen Dunkelheit. Irgendwann will ich im Herbst, im Winter wiederkommen, Schnee auf dem Berg Hiei, Schnee auf dem Waldweg entlang dem Fluss bei Arashiyama. Jetzt mache ich es mir in dem sanft schaukelnden Drehstuhl bequem, nehme die Kassette, die ich in einem der Klöster gekauft habe, schiebe sie in meinen Walkman und höre das Lied von Zazen, die eine Stimme und die anderen Stimmen, das Schlagen von Holz auf Holz:

> Der Grund, weshalb wir durch die sechs
> Welten wandern,
> Ist, dass wir im Dunkel der Unwissenheit
> gefangen sind.
> Wenn wir uns weiter und weiter in dieses
> Dunkel wagen,
> Wie können wir uns dann je befreien
> Aus der ewigen Folge von Geburt und Tod?

Und während all die Bilder dieser Woche ineinanderfließen, schlafe ich zwischen den singenden Mönchen ein, ein Mann im schnellsten Zug der Welt, der einzigen seiner sechs Welten, die er kennt.

Juli 1992

1 Übertragen von Oscar Benl.

Reise in die Stille

IRDISCHER GEHT ES NICHT: Auf dem Weg zum Himmlischen habe ich mich im Kinki Area Rail System verfangen, einer gedruckten Doppelseite mit einem Netz unabhängiger Eisenbahnlinien rund um Osaka und Kioto, das aussieht, als sei es von einer volltrunkenen Spinne gewoben worden, die ihre Arbeit zudem nicht mal beendet hat. Hankyu-Takarazuka, Yamatoji, Nankai-Koya, Kintetsu-Minami-Osaka, Keifuku Arashiyama, die Namen der Linien haben sich in mein Gedächtnis eingegraben, weil sie ein Abenteuer begleitet haben, auf das ich mich in aller Unschuld einließ, ohne zu wissen, dass ich mich in diesem Netz zuweilen wie eine Fliege verfangen würde, kurz davor, von der betrunkenen Spinne gefressen zu werden, etwas, das nun wirklich nicht zum hohen Ziel meiner Pilgerwanderung passte. Denn das war es, eine Wanderung ohne

Stab und Rucksack, wohl aber mit langen Strecken zu Fuß und endlosen Tempeltreppen. Das heimliche und unbewusste Ziel mancher Reisen besteht darin, den Reisenden in völlige Verwirrung zu stürzen oder ihn so seiner Herkunft zu entfremden, dass es scheint, als würde das eigene Dasein zu einer schemenhaften Angelegenheit, in die man nur mit Mühe wird zurückfinden können. Erst dann ist man wirklich weggewesen, so sehr irgendwo anders, dass man möglicherweise sogar anders geworden ist.

Es begann in einem Züricher Reisebuchladen. Alles was mit Japan zu tun hat, zieht unweigerlich meine Aufmerksamkeit auf sich, und hier fand ich ein Buch über Pilgerwege in Japan.[1] Es sah einladend aus. Auf dem Umschlag waren zwei Fotos abgebildet. Das erste zeigte eine Reihe identischer männlicher meditierender Figuren, die ich früher der Einfachheit halber Buddhas genannt hätte, bei denen es sich aber, wie ich inzwischen weiß, um Jizo handelte, Beschützer der Reisenden und Kinder. Auf dem anderen Foto waren aus Schilf geflochtene Sandalen zu sehen, die an einem Tempeltor aufgehängt waren und, wie mir klar wurde, zur Ausrüstung des japanischen Pilgers gehören wie die Muschel und der Stab zur Pilgerfahrt nach Santiago de Compostela. Jizo wie auch diesen Sandalen sollte ich auf meiner eigenen Reise noch Hunderte von Malen begegnen, doch soweit war es damals noch nicht.

Das Buch beschrieb die Geschichte und die Unterschiede der einzelnen Pilgerfahrten, den einsamen Eremiten, der alles zurückließ, um in den Bergen von einem heiligen Ort zum nächsten zu wandern, die eleganten Gruppenreisen aus der Heian-Zeit (794–1185) und der Kamakura-Periode (1185–1333), bei denen der halbe Hof in zeremonieller Kleidung auszog, um in der Natur zu meditieren, und schließlich im 15. Jahrhundert die Mittelschicht, die die Zeit und das Geld hatte und dem Adel nachreiste. So entstanden allmählich die Pilgerwege, die bis zum heutigen Tag existieren. Es gibt viele, und sie sind sehr unterschiedlich, aber aus irgendeinem Grund, ich denke, wegen der Zahl – (ich bin 1933 geboren) – beschloss ich, die 33 Tempel-Wanderung zu machen, die Pilgerfahrt der Wunder, die Saigoku-Kannon-Route.

Nun, da ich wieder in Amsterdam bin und zwischen hundert Büchern und tausend Fotos sitze, weiß ich, auf welch aberwitziges Unternehmen ich mich da eingelassen hatte, ein wenig angesteckt von einem alten Freund, der mir, nachdem er von den Niederlanden nach Santiago gewandert war, erzählt hatte, danach sei die 88-Tempel-Wanderung auf der Insel Shikoku ein Kinderspiel gewesen. Aber er hatte einen großen Teil des Weges mit Begleitung zurückgelegt und zudem das traditionelle japanische Gewand des *henro* getragen, bei dem jeder sofort weiß, wohin man will, und einem automatisch den Weg zeigt. Ich sah mich jedoch nicht mit Stock und Schilfsandalen, dazu mit einem geflochtenen Hut und von Kopf bis Fuß in leuchtendes Weiß gewandet, hätte ich doch den ganzen Tag das Gefühl gehabt, verkleidet zu sein und mir außerdem etwas anzumaßen, worauf ich kein Recht hatte. Damit lag ich richtig, ohne es zu wissen, denn später lernte ich, dass dieser Aufzug eigentlich nur während der 88-Tempel-Wanderung getragen wird, bei der der Pilger auf den Spuren des großen buddhistischen Meisters Kobo Daishi (Kukai) wandelt, des Gründers der Shingon-Sekte, des esoterischen Buddhismus, wenngleich das Wort Sekte hier eigentlich fehl am Platz ist und man eher von einem philosophischen System sprechen sollte. Ein *henro* war ich also nicht, wohl aber ein *junreisha*, ein gewöhnlicher Pilger, mit nichts, das mich als solchen kenntlich machte, außer meinem *nokyocho*, dem Pilgerbuch, doch das befand sich stets wohlverwahrt in meiner Reisetasche.

Warum habe ich es getan? Glaubte ich an die Göttin Kannon? Um die Wahrheit zu gestehen, ich kannte sie nicht einmal, und auch sonst waren mir einige moralische Konzeptionen des Buddhismus ebenso fremd wie die des Christentums; das ewige Misstrauen gegen den Körper, der in seine Schranken verwiesen werden muss, kannte ich noch von früher aus dem Beichtstuhl, und die überlegenen Formen der Knechtung und Askese, von denen ich las, samt den dazugehörigen Abbildungen ausgemergelter Männer, die eher an Bergen-Belsen erinnerten als an göttliche Erleuchtung, zogen mich auch nicht an. Doch daneben gab es die anderen Gestalten, die ich auf allen meinen Asienreisen gesehen hatte, Buddhas in einem Körper, dem es sichtlich an nichts mangelte, den sie anscheinend aber auch beherrschen konnten, als verfügten sie über ein flüssiges Knochengerüst, und darüber stets dieses der Welt entrückte, in vollkommener Ruhe befindliche Gesicht, das alles gesehen und bedacht hatte und nun über allem schwebte wie die Ewigkeit selbst.

Wie geschieht so etwas? Ich war in Australien bei einem Literaturfestival aufgetreten, und weil es genauso lang (und genauso teuer) ist, wieder zurückzufliegen wie einfach weiterzufliegen, bis man wieder daheim ist, hatte ich ein Round-the-World-Ticket genommen, das es mir ermöglichte, in Japan auszusteigen. Man fliegt acht Stunden von Sydney nach Osaka, doch mental ist es wesentlich weiter, und so saß ich plötzlich verwaist und entfremdet im Apartment eines deutschen Freundes in Kioto mit Blick auf den Fluss Kamo. Es war im April 1998, die Kirschbäume am jenseitigen Ufer standen in Blüte, man hätte meinen können, es habe geschneit. In der Ferne konnte ich den heiligen Berg Hiei sehen, der in der klassischen japanischen Literatur eine so große Rolle spielt. Mein Vorhaben erschien mir plötzlich prekär. Was wollte ich eigentlich? Ich sprach kein Japanisch, zwar war ich schon siebenmal hier gewesen, doch mein Japan war im Grunde ein Japan der Literatur geblieben, den Kamo kannte ich von Kawabata, wie ich Osaka von Tanizaki kannte und Tokio von Murakami und den Berg Hiei aus der vor tausend Jahren geschriebenen *Geschichte vom Prinzen Genji*, als Kioto noch Heian hieß und hier ein Hof von unglaublicher Pracht und ohne Macht residierte (die hatten die Shogune inne), wo ein paar Frauen, die nicht Chinesisch schreiben durften (das war den Männern vorbehalten), im Japanisch jener Zeit Bücher schrieben, die noch heute gelesen werden.

Ich war hier unter falschem Vorwand, auf der Suche nach einem Japan, das es eigentlich nur noch als Ausnahmeerscheinung gab, so als mache sich ein Japaner in Europa ausschließlich auf die Suche nach Benediktinerklöstern. Ein Satz stand in dem Buch, das ich in Zürich gekauft hatte, der diesen falschen Vorwand zum eigentlichen Motiv meiner Reise machen sollte: dass viele japanische Pilger diese Wanderung gerade wegen der Ruhe und Stille unternehmen, die sie in ihrem übervollen Land, in dem man stets das Gefühl hat, von Millionen von Menschen umgeben zu sein, sonst nirgends mehr finden können. Dass ich mich jeden Tag durch diese Millionen würde hindurchkämpfen müssen, um die Stille zu erleben, wusste ich zu diesem Zeitpunkt noch nicht. Japaner sind Gruppenmenschen, und das bedeutet in diesem Fall Busse, die vor den Tempeln ausgekippt werden. Ausländer sind bei diesen Busreisen nicht gern gesehen, zumal wenn sie kein Japanisch sprechen, denn das führt nur zu Komplikationen. Alleinreisende Pilger habe ich gesehen, allerdings nicht oft. Europäern oder Amerikanern bin ich so gut wie nie begegnet.

Warum habe ich es getan, und vor allem: Warum habe ich durchgehalten? Aus Neugier auf ein Japan, das ich noch nicht kannte und – soweit ich es kannte – nicht verstand. Ein japanischer Tempel mit seinem Panoptikum heiliger Figuren und sakraler Gegenstände, seinen Riten und Bräuchen stellt einen vor allerlei Rätsel. Wer ist wer, was wird da gesungen, wie hat man sich zu verhalten, was bedeutet diese Inschrift, diese Trommel, dieses Gebimmel, diese Handlung? Gut, vom Katholizismus her wusste ich, dass Menschen, wenn sie Kontakt zum Höheren suchen, sich einer anderen Stimme bedienen als im täglichen Leben, dass sie besondere Gewänder dafür anlegen, sich im Laufe der Jahrhunderte Riten ausdenken, die im Grunde komplizierte Umgangsformen mit dem von einer Priesterkaste beherrschten und verwalteten Transzendenten sind. Ich wusste auch, dass sich das Höhere in der menschlichen Vorstellung häufig an ent- und vorzugsweise auch noch hochgelegenen Orten befindet und dass der menschliche Geist nun einmal Mittler in Gestalt von Heiligen braucht, dass sich folglich in Tempeln Figuren dieser Heiligen, Lehrer und Einsiedler befinden, die dort verehrt werden. Wenn ich sah, wie eine Gruppe Pilger in einem der Tempel ankam, sich verneigte, an einer großen Klingel zog, ein längliches Holzstück an einem Strick mit viel Getöse gegen eine große Bronzeglocke dröhnen ließ, Geld in einen Opferstock warf, in die Hände klatschte, sich an einer immer fließenden Quelle den Schmutz der Welt abwusch, erkannte ich vieles von dem wieder, was ich in Sizilien, der Estremadura, in Bayern oder Flandern gesehen hatte. Die Handlungen waren zwar unterschiedlich, im Kern jedoch die gleichen: Menschen wollen, ganz wörtlich, höher hinauf und haben hierzu verschiedene Strategien entwickelt. Dabei geht es nicht um die Gedanken eines Augustinus, Thomas von Aquin oder Ignatius von Loyola, sondern um Volksglauben. Auch der Buddhismus hat seine Kirchenväter, Mystiker und Schriftgelehrten, man spürt ihre Anwesenheit hinter den unzugänglichen hölzernen Klosterwänden, hört das Geflüster jahrhundertealter Schriftrollen, vernimmt ihre theologischen Diskussionen, erahnt ihre dogmatischen Streitgegenstände, asketischen Praktiken, doch deswegen kommen die Busse nicht. Sie kommen, um in der Nähe dieser Welt zu sein, in der Umgebung jener, die die Geheimnisse verwalten, sie kommen, um kurzzeitig ihre eigene Existenz hinter sich zu lassen, und der Fremde, der sie beobachtet, sieht sowohl die kommerzielle Routine als auch die bestürzende Frömmigkeit und versucht, unsichtbar zu werden.

Die Tempel der Saigoku-Kannon-Pilgerroute liegen in einem weiten Areal rund um Osaka und Kioto, zwischen dem Japanischen Meer und dem Pazifischen Ozean. Ich habe diese Wanderung in zwei Teilen unternommen, die ersten 17 Tempel im Jahr 1998, den Rest im Frühjahr 2000. Manchmal erforderte ein Tempel eine Tagesreise, dann wieder lagen mehrere dicht beieinander, doch für den, der kein Japanisch spricht und es auf eigene Faust schaffen will, ist es eine logistische Aufgabe ersten Grades. Ich habe fast alles von Kioto aus unternommen. In der Nähe des Bahnhofs (23 Bahnsteige) gibt es ein Japan Tourist Information Office, in dem Yoko und Miyo, nachdem ihre anfängliche Bestürzung ob meines Vorhabens gewichen war, versucht haben, Züge, Bummelbahnen, Busse, Seilbahnen, Schiffe so aneinanderzukoppeln, dass ich den jeweiligen Tempel erreichen konnte. Je tiefer es einen in die Provinz verschlägt, desto schwieriger wird die Kommunikation, Englisch will nicht verstanden werden, Deuten in mein japanisches Tempelbuch half auch nicht immer, es müsste einen speziellen Ablass geben für das Warten auf falschen Bahnsteigen, das Umsteigen in einen Zug, der zwar denselben Namen trägt wie der gesuchte, aber in die entgegengesetzte Richtung fährt, für den atemraubenden Zweifel zwischen zwei Wegweisern in einem Wald, hinter deren einer Zeichenfolge 5,7 km steht und hinter der anderen 3,8. Im Vergleich dazu bedeuteten die stundenlangen Wanderungen im Regen oder in plötzlicher Hitze, die Kletterpartien auf Bergpfaden, die schwindelerregenden Treppen (einer der Tempel hatte 888 Stufen) eher eine Erleichterung. Deswegen war ich gekommen, sobald man von den Städten und den überfüllten Zügen erlöst war, begann das andere Japan, das der Dörfer und Weiler, der kleinen Gasthöfe, der ländlichen Buslinien, der Bummelzüge mit einem einzigen Wagen voll uniformierter Schulkinder. Und immer wieder der Augenblick, da man den Tempelbezirk durch das Tor mit den beiden *nio* betrat, wütend dreinblickenden Tempelwächtern, die im Grunde ein und dieselbe Person sind, Kongo Rikishi, links und rechts, der eine mit offenem, der andere mit geschlossenem Mund, beide aber übermannshoch, muskulös wie Preisboxer und zum Glück hinter Holzstäben, an denen die Pilger ihre Sandalen aufhängen. Dahinter wurde es in der Regel still und geräumig, niemand beachtete mich. Manchmal hörte ich eine Pilgergruppe gemeinsam Sutren oder Gebete rezitieren oder die Stimme eines Priesters aus dem Lautsprecher über das verlassene Tempelgelände schallen, ein andermal bliesen Mönche auf Muschelhörnern und warteten dann auf Antwort von der anderen Talseite, Klänge von unstillbarer Melancholie, manchmal auch geriet ich in rätselhafte Zeremonien mit Feuer und lautem Gesang, ich speicherte alles in meinem inneren Archiv, las von der elfköpfigen, tausendarmigen Kannon, begriff, dass diese Pilgerfahrt ihren 33 Manifestationen gewidmet ist, versuchte, die Stile der einzelnen Tempel auseinanderzuhalten und erkannte, dass ich dafür ein zweites Leben brauchte.

Und jetzt? Jetzt bin ich wieder in Amsterdam und starre auf die Seiten mit Zugverbindungen, die Yoko und Miyo vollgeschrieben haben, auf die Fotos von unterwegs, auf mein Pilgerbuch mit den wunderbaren Kalligraphien. Meine Notizen sehen aus wie Vorbereitungen zu einer Feldschlacht: JR (Japan Railways) Kioto-Ayabe (Sainin Line) 8.58–10.32, Aussteigen Maizuru, Zug nach Higashi-Maizuru Ankunft 10.57, Abfahrt 11.53, Ankunft Matsunoodera 12.00, von dort eine Stunde zu Fuß, den Berg hinauf zum Tempel, und mit einemmal sehe ich alles wieder vor mir, die schaurig blaue Straßenbahn von Maizuru, den verlassenen kleinen Bahnhof, nicht mehr als eine Bude, kein Mensch weit und breit, kein Schild mit dem Zeichen des Tempels, doch laut Reiseführer muss ich zuerst der Straße folgen und dann einem Weg entlang einem Fluss, die roten Zeichen für den Tempel sind in der rechten oberen Ecke der Karte eingezeichnet. Dort wird Kannon verehrt, wie in allen 33 Tempeln, hier jedoch in der Gestalt eines Pferdes. Wer ist Kannon? In den meisten Tempeln sehe ich sie in Frauengestalt, und dann gleicht sie noch am ehesten Maria. Mal mit elf Köpfen, mal mit Armen, die aus allen Richtungen zu kommen scheinen, aber immer die Göttin, die Heilige oder die Bodhisattva der Barmherzigkeit. Einst, in Indien, war Kannon noch ein Mann und hieß Avalokitesvara, so kam er nach China und wurde Kuan-yin, nach Japan und wurde Kanzeon oder Kannon. Ein Bodhisattva ist ein Erleuchteter, der auf den Genuss des Nirwana verzichtet, um denen auf Erden zu helfen, die die Erleuchtung noch nicht erlangt haben. Diese Pilgerfahrt gilt in erster Linie ihr, so auch hier. Es regnet sacht, aber als ich oben bin, sehe ich durch die Regenschleier das Japanische Meer. Einst befand sich während eines wütenden Sturms ein Seemann in großer Not. Er betete zu Kannon und merkte, wie sein Schiff aus eigener Kraft durch den Sturm an Land getragen wurde, wo er eine Spur aus Pferdehufen fand, der er folgte, bis er zu einem Tempel gelangte mit einer Figur der pferdeköpfigen Kannon, noch klatschnass vom Meerwasser.

Es ist sehr still, als ich die hohe Treppe hinaufsteige. Sogar etwas Schnee liegt noch da. Ich gehe an dem Pferd vorbei, das eine Heilige ist, zum *hondo*, der Tempelhalle mit dem Altar, und weil niemand da ist, der mich beachtet, klatsche auch ich nun in die Hände, ziehe an dem roten geflochtenen Seil und lasse die große Metallglocke rappeln, damit die Wesen der Oberwelt wissen, ich bin da. Dann nehme ich mein ausfaltbares Pilgerbuch und gehe zum *nokyo*, dem Tempelbüro, wo ein Mönch hinter einer Scheibe liest. Ich klopfe an das Glas. Sofern er sich wundert, lässt er sich nichts anmerken. Ich lege meine 300 Yen auf einen Teller, und er drückt die drei feurigen Klosterstempel in mein *nokyocho* und malt darüber hinweg mit einem langen Pinsel seine Kalligraphie in schwarzer Tusche. Ich verfolge seine langsamen, anmutigen Bewegungen. Ich habe die Tempel nicht in der richtigen Reihenfolge besucht (das tun Japaner auch nicht) und sehe nun, dass er in dem Buch blättert und registriert, dass ich bereits beim Tempel 33, Kegonji, offiziell dem letzten, gewesen bin, wo man drei Kalligraphien auf einmal bekommt. Dann lacht er und beschreibt eine Geste, in der alles enthalten ist, die Figur Kannons und die von Jizo mit seinem roten Lätzchen, die Apfelsinen auf dem Altar im *hondo*, der Berg und der lange Weg hinunter, das Meer, die 31 Tempel, die ich bereits gesehen habe, sowie die beiden, die ich noch besuchen werde, und alle Erinnerungen an Blüten und Züge und Heiligenfiguren und Mönche und Weihrauch und all die endlosen Treppen, die ich mitnehmen werde in mein Haus am anderen Ende der Welt.

2000

1 Ed Readicker-Henderson, *Japanese Pilgrimages*, Tokio 1994.

Fotografien aus Japan

SIMONE SASSEN

Das Ayu-no shio-yaki-Fest.
Im Juni gefangene Süßwasserfische.
Arashiyama, Kioto

166 Beim Tempel Shisen-dō, Kioto

Der Tempel Hōnen-in, Kioto

168 Der Kaiserpalast, Kioto.
Dachkonstruktion

Im Kaiserpalast, Kioto

 Im Botanischen Garten, Kioto

Beim Tempel Hōnen-in, Kioto

Murasaki Shikibu, die Verfasserin der *Geschichte vom Prinzen Genji.* Standbild an der Uji-Brücke, bei Kioto

Der Tempel Ryōan-ji, Kioto.
Der Felsengarten

 Der Tempel Ryōan-ji, Kioto

Manjū – eine japanische Süßigkeit zum Tee.
Im Ishiyama-dera-Tempel, Ōtsu

Im Kyogashi Shop.
Nakagyō-ku-Distrikt, Kioto

Gion-Distrikt, Kioto

 Ginza-Distrikt, Tokio

Der Tempel Zōjō-ji, Tokio.
Statue des Jizō, Schutzgottheit
der Reisenden und Kinder

Bambuswald beim Tempel Chōmei-ji,
Präfektur Shiga

Beim Tempel Ishiyama-dera, Ōtsu

Der Botanische Garten, Kioto.
Im Iris-Garten

Das Atelier des Nordens, Hokusai in Paris

1843, ALS JAPAN FÜR DIE EUROPÄER noch ein Fabelreich ist, wohl genauso fern wie das fernste Thule, beginnt in Tokio, das damals noch Edo hieß, ein alter, 83-jähriger Mann jeden Tag damit, eine Tuschzeichnung anzufertigen. Er tut das als Beschwörung: Er hofft, dass der kommende Tag, wenn das Dunkel weggewälzt ist, ein »friedlicher« werde. Der Gegenstand der Zeichnung ist jeden Tag derselbe – ein Löwe. Oder besser gesagt, das abgebildete Tier gleicht einem Löwen, aber es ist ein *karashishi*, ein heiliges Fabeltier, das das Aussehen eines Löwen angenommen hat.

Der Mann, der die Löwen zeichnete, hieß Hokusai, ein Name, den er wie viele andere Namen – mehr als zwanzig insgesamt – im Laufe seines Lebens an- und auszog wie ein Kleidungsstück. Jetzt, 1980, und in Paris, das für Japaner 1843 ebensoweit entfernt lag wie das imaginäre Grönland und das versunkene Ägypten, beuge ich mich über diese Löwen und betrachte sie, alle 219, einen nach dem anderen. Ich vermute, dass ich dabei den Gesichtsausdruck eines Menschen zeige, der ein Heilkraut zu sich nimmt. Das ist jedenfalls der Ausdruck auf den Gesichtern einiger Leute, die sich hier zusammen mit mir drängen, um möglichst viel von den Gemälden, Plakaten, Drucken, Zeichnungen und Holzschnitten zu sehen.

Von jedem dieser zigtausend Betrachter geht eine direkte Linie aus, die sekundenschnell die Distanz zwischen dem Jetzt des Betrachtens und dem Augenblick vor 137 Jahren überbrückt, da die Hand des alten Meisters diese Löwen aufs Papier warf. Warf? Ich könnte es nicht anders ausdrücken, denn selbst wenn das Zeichnen noch so langsam vonstatten gegangen sein sollte, so vermitteln die kauernden, springenden, stillsitzenden, bösen, angreifenden, zurückweichenden, in menschenähnlicher Gestalt einem heftigen Regenguss ausgesetzten Löwen allesamt dieses Bild elektrischer, geballter Schnelligkeit, als ob sie explosionsartig entstanden seien. Und während das Blatt völlig still in der Vitrine liegt, sieht der Betrachter einen Löwen, der meist in einer heftigen Bewegung befangen ist, als befände er sich in einem Windkanal, ein Stehbild aus einem Gewaltfilm.

Hokusai: Der Name bedeutet »Atelier des Nordens«. Der Maler war als Mitglied der buddhistischen Nichiren-Sekte ein glühender Verehrer des Bodhisattwa Myoken, einer Inkarnation des Polarsterns (Stern des Nordens). Der Name taucht zum erstenmal 1799 auf, als er neununddreißig Jahre alt ist. Er behält ihn, manchmal in Kombination mit anderen Namen, eine Zeitlang bei und legt ihn 1810 wieder ab.

In jenem Jahr wird er heftig kritisiert wegen der »Magerkeit und Hässlichkeit« einiger Figuren auf einem Theaterplakat, und er gibt seinen selbstgewählten Namen an einen unbedeutenden Schüler weiter. Wie Japanologen und Kunsthistoriker aus einem solchen Namensverhau schlau werden, ist mir ein Rätsel, das an diesem Nachmittag nicht gelöst werden wird. Hier heißt er ausschließlich Hokusai, und dieser magische Klang hat Zehntausende angelockt.

Eigentlich ist es dieses Phänomen, das mich noch am meisten beschäftigt. Was bedeuten dieses andächtige Interesse, dieses fast devote »Absorbieren« um mich herum? An einer anderen Stelle in Paris hat man eine Ausstellung eingerichtet, die den Einfluss Japans auf das Werk Claude Monets zeigt. Doch das Interesse, das damals für alles, was japanisch war, bestand, lässt sich auf reine Ästhetik zurückführen – wer ein Detail in einem Hokusai-Druck abdeckt, kann die Art-Nouveau-Elemente sofort herausfinden –, während unser Interesse viel gespaltener ist.

Mit dem Japan des zwanzigsten Jahrhunderts haben

wir einen Weltkrieg ausgetragen, den wir mit den einzigen Atombomben entschieden haben, die je auf die Erde fielen. Wir haben es nicht nur mit dem Japan des *bunraku*, *ukiyo-e*, *kabuki* und *ikebana* zu tun, sondern auch mit dem von Honda, Toyota und Mitsubishi. Unser Interesse – einerseits die Angst vor einem gefährlichen, konkurrierenden Wirtschaftsriesen und gleichzeitig die Sucht nach den geistigen Werten, die Japan in seiner jahrhundertelangen selbstauferlegten Isolation angeblich soviel besser bewahrt hat als wir – ist gespalten, weil Japan selbst gespalten ist.

Diejenigen, die hier zusammen mit mir wie auf einer Wallfahrt eine Stunde lang in der Winternachmittagskälte gestanden haben, um zu Hokusai eingelassen zu werden, treten in einen Tempel, in dem die Hondas fehlen. Ich bin gerade zurück von einer Reise nach Japan, wo ich mit dem Radierer Sjoerd Bakker eine Wanderung durch die Herbstwälder des Nordens gemacht habe. Es war meine zweite Reise durch dieses Land, und sie verlief nicht ganz glücklich. Irgendwie konnte ich die Euphorie meines ersten Besuchs nicht wieder empfinden, und jetzt, hier bei Hokusai, weiß ich, glaube ich, warum.

Was wir in Japan suchen, ist ein Japan, das ausschließlich in der Zeit existiert, aber nicht im Raum. Beim erstenmal ist man so begeistert, dass man auch im großen Hässlichen weiterhin das kleine Schöne zu sehen gewillt ist, man labt sich an der Ästhetik, man lässt sich nach Kioto und Nara befördern, man schlendert an den Vitrinen des Keramikmuseums vorbei, sitzt ganze Nachmittage lang im Kabuki-Theater, hüllt sich in Tempel und geht auf in der Vollkommenheit der Gärten. Alles, was man bei Lafcadio Hearn und anderen gelesen hat, bestätigt sich, alles, das Essen eingeschlossen, hat einen spirituellen Unterton, und was man nicht sehen will, das sieht man nicht.

So ist es mir wenigstens beim erstenmal ergangen. Aber im Grunde ist das eine Illusion, man hat eine Reihe von kulturellen Klischees, angefangen bei Zen bis hin zur *Geschichte vom Prinzen Genji*, zusammengepackt, und was man nun im Prinzip will, ist, dass die japanische Gesellschaft ihnen entspricht. Doch das ist dasselbe, als fragte man einen Ajax-Fan, wo das nächste Benediktinerkloster liegt, oder dächte, dass alle Pariser *concierges* den *Roman de la rose* in ihrem Bücherschrank haben, oder verlangte vom Aufseher im Rijksmuseum, er solle einem die Symbolik in einem Gemälde von van der Goes erläutern.

Beim zweitenmal bin ich mit voller Wucht auf die Undurchdringbarkeit der japanischen Gesellschaft gestoßen. Ich habe erkannt, dass man wirklich Japanisch lesen und sprechen muss, um im Japan von heute das Japan von einst zu finden, dass es dafür zu spät ist und dass ich mich künftig auf die Teile des »reinen« Japan werde beschränken müssen, die mir wie hier bei dieser Ausstellung zugeschoben werden, auf das, was ich in Übersetzung lesen kann. Ich brauche, mit anderen Worten, nicht mehr dorthin. Was ich sehen will, ist hier oder kommt her.

Und so trotte ich nun herum, ein Gläubiger unter Mitgläubigen, freilich einer von der Sorte, der seine Unschuld zum Teil verloren hat, weil er weiß, welch schändliche Dinge sich im Pfarrhaus abspielen.

Die Ausstellung ist vorzüglich eingerichtet, wenngleich niederländische Museen wohl nicht ungeteilten Geschmack daran fänden. Zuerst wird man durch eine Reihe finsterer Katakomben geschleust, in denen verschiedene Gegenstände und Kleidungsstücke aus Hokusais Zeit in einer Art heiligem Dämmer aufschimmern, was ihnen gleich diesen geheimnisvollen Glanz verleiht, dessentwegen wir kommen – sehr geschickt. Der Saal, in dem die bedeutendsten Drucke ausgestellt sind, ist eigentlich ziemlich klein und mit beleuchteten Vitrinen vollgestellt, die eine gewisse Ähnlichkeit mit Pulten haben, weil vor ihnen Bänke stehen. In jeder Vitrine befinden sich meist zwei Blätter, aber nur eine große, reichlich betatschte Lupe, was Anlass zu jenen dezenten Scharmützeln zwischen zwei ehrbaren Menschen gibt, die Dritten immer ein köstliches Schauspiel bieten.

Kunstliebhaber sind keine Militärs, jeder bewegt sich in eine andere Richtung, und wo sich ein ungebührlicher Stau bildet, vermuten die anderen die schönsten Bilder. Sanft drängeln, böse murmeln, die Lupe einen Tick zu lange behalten, wo doch der Wicht neben einem gerade die Entdeckung seines Lebens machen will, das ist der wahre Kunstgenuss. Ein Hauch von Erotik fehlt auch nicht, denn was will die mit den langen blonden Haaren eigentlich so lange vor Nummer 223, *Gedicht von Sanji Hitoshi: Ein Gutsherr meditiert über seine verlorene Liebe*?

Wir müssen wohl etwas gemein haben, denn es ist auch mein Lieblingsbild. Der Herr steht, den Rücken der Welt zugewandt wie eine Figur in einem Gemälde von Caspar David Friedrich, für ebendiese Welt verloren da und starrt zu Boden, auf den Schilfgürtel am Ufer oder auf die ruhige, unbewegte Fläche des Meeres. Am Horizont schleicht sich eine lange, flache Landzunge ins Meer, doch am Ende von alldem steht, direkt unter der dünnen Linie, die Himmel und Wasser trennt, in dem, was dort in der Ferne ein riesengroßes Viereck sein muss, das Gedicht. Das muss der Traum jedes Dichters sein: sein Gedicht geschrieben auf einem steinernen Blatt, und dieses Blatt senkrecht in der Landschaft, höher als die Hügel. Die einzige Bewegung in diesem Bild ist die des Schilfs und der erniedrigten und geknechteten namenlosen Bauern, die mit ihren Schilfkörben voll Grün aus dem Bild ziehen, den versteinerten Herrn mit seinem Kummer allein lassend. Dieser Farbholzschnitt ist Teil einer Serie, *Hyakunin Isshu Uba Ga – Hundert Gedichte, von einer Amme erklärt* –, und entstand in derselben Zeit wie die *Hundert Ansichten des Berges Fuji.*

Auch diese Meisterwerke sind da, und je weiter der Nachmittag fortschreitet, desto mehr erschlägt einen die Vielseitigkeit, die Fülle und, paradoxerweise, vor allem das Gewicht des Details. Gerade das Kleine – die Blume an der Bergwand, die Finger um die Frauenbrust, der Mund des Schauspielers, die Schuppen des Fischs, die Mähne des rötlichen Pferdes – erschöpft einen, während man durch das fettige Glas dieser Kinderlupen schaut, so sehr, man fühlt sich von allen Seiten von Darstellungen beschlichen, will aus nicht ganz erfindlichen Gründen immer wieder zu diesem einen Bild zurück, kauft einen ein Kilo schweren, wunderbaren Katalog, hält die Reproduktion neben das Original und sieht das Wunder verkleinert: *Wasserfall von Amida auf dem Weg von Kisokaido.*

Dieses Bild hat etwas unendlich Mysteriöses. Das heranströmende Wasser hat sich in einer Art rundem Schlüsselloch direkt oberhalb der Kaskade gesammelt, aber um die Bewegung dieses Wassers auszudrücken, hat Hokusai den Fluss gleichsam aufgeklappt, etwas, das horizontal hätte sein müssen, steht jetzt als vertikaler blaugeäderter Marmorblock aufgerichtet über dem Wasserfall da, in den es weiß herabstürzen wird. Unberührt von alledem, der Vision, der Gewalt, sitzen drei Herren auf einer vorragenden Felsspitze und essen.

Das Schreckliche ist, dass man sie reden *hört*, obwohl das infolge der Gewalt des herabdonnernden Wasserfalls natürlich nicht möglich ist. Sie sitzen friedlich da, und ich bin neidisch. Ich möchte weg aus dieser Überfülle von Meisterwerken und der erstickenden Anwesenheit so vieler Gleichgesinnter, ich möchte von links in diese *sansui*, diese Landschaft aus »Berg und Wasser« hineingehen, vom Meister gegenüber dem dritten Mann hingesetzt werden, der das Feuer bewacht, möchte wissen, was sich in dem kleinen, an drei Stöcken hängenden Topf befindet, und möchte mitessen.

Doch das – ich weiß es – ist nicht möglich. Ich werde den Katalog mit nach Hause nehmen und später, wenn ich alt bin, all diese Bilder in meinem Pensionszimmer am Rand der Veluwe noch einmal betrachten, und einige werde ich im Rijksmuseum voor Volkenkunde in Leiden wiedersehen. Im Katalog steht übrigens ein kurzer, aber sehr lehrreicher Aufsatz von Willem van Gulik[1] über die japanische Malerei, und auch der ist für daheim.

Jeder kennt, denke ich, in einer großen Ausstellung den Moment der Sättigung – wenn man nichts mehr aufnehmen kann. Fast versehentlich stoße ich noch auf die hinter einem blauen Schamtuch versteckte kleine Abteilung mit erotischen Zeichnungen. Sie sind von einer wunderbaren manierierten Kompliziertheit, man muss tatsächlich hie und da den Kopf ganz zur Seite legen oder neigen, um sehen zu können, wer und was worin steckt; ein junges japanisches Pärchen neben mir gibt leise, einigermaßen zufriedene Glucks- und Brummlaute des Erkennens von sich und, im Wissen, dass sie wahrscheinlich doch keiner versteht, mit ziemlich erregender, unterdrückter Heiterkeit auch halb geflüsterte Bemerkungen, also auch diese Reaktion vermag der alte Meister, der »Narr des Zeichnens«, wie er sich Edmond de Goncourt zufolge manchmal selbst nannte, eineinhalb Jahrhunderte später noch auszulösen.

Draußen überfällt mich der französische Sonntagnachmittag, ein grässlicher Hochzeitszug laut hupender Autos jagt über die Place des Vosges, ich bin definitiv aus Japan vertrieben.

Wenn Franzosen etwas wirklich organisieren wollen, gelingt ihnen das oft sehr gut. Das Haus Le Véel hat in einem brillanten Versuch, Sotheby's und alle anderen auszustechen, im Oktober 1980 im Rahmen mehrerer gemeinsam mit der japanischen Botschaft organisierter Ausstellungen eine Auktion japanischer Drucke veranstaltet – so dass die »Japanitis« neuen Auftrieb erhielt. Die Folgen blieben nicht aus: Eine Rekordzahl an Käufern strömte nach Paris (der Bietverlauf war auf japanisch auf einem Computerschirm zu verfolgen), und die Preise waren astronomisch.

Eine der glückseligen Begleiterscheinungen für den Liebhaber war, dass es am Rande dieses Massenandrangs eine kleine Ausstellung der Schauspielerportraits von Sharaku gab, die als Ensemble hierzulande seit 1912 nicht mehr zu sehen waren. Wer traurig ist, weil er diese Ausstellung verpasst hat, kann sich ins Rijksmuseum begeben, das etliche der Portraits besitzt.

Sharaku ist eine mysteriöse Gestalt. Sein Erscheinen und sein Verschwinden haben etwas Kometenhaftes, sein Ruhm beruht auf einer Reihe von Schauspielerportraits, die er 1794 schuf – um genau zu sein: im fünften Monat dieses Jahres. Die Schauspieler sind wie üblich in ihren Rollen dargestellt. Das ist für uns noch verständlich, aber dass das Publikum so stilversessen war, dass es am Gesichtsausdruck eines Schauspielers ablesen konnte, welches Stück gemeint war, ist uns doch einigermaßen fremd. Die Intrige, die Geschichte, deswegen kam man nicht, es ging um die Perfektion der Aufführung. Vielleicht kann man es noch am ehesten mit der Oper vergleichen: Callas mit dem und dem

Gesichtsausdruck singt *folglich* die Wahnsinnsarie aus *Lucia di Lammermoor*.

Wer Sharaku eigentlich war, weiß man nicht. Aus der Zeit vor oder nach dieser Theatersaison, sind keine Werke von ihm bekannt. Es gibt Spekulationen, er sei selbst Schauspieler gewesen, seine neue Art des Plakatemalens – der Kopf des Schauspielers, sehr groß in seinem *mie* (Gesichtsausdruck), auf einem fast frostig wirkenden glimmerfarbenen Grund eingefroren – habe dem Publikum nicht gefallen, er sei vorzeitig gestorben, und jeder dieser Behauptungen wird auch widersprochen – kurzum: genug Material für einen historischen Krimi. Schade, dass der große van Gulik sich nicht darangewagt hat! Die Ausstellung fand statt in einer kleinen Galerie (Huguette Berès) am Quai Voltaire, genau gegenüber dem Louvre, und einen Augenblick lang scheinen die vierundsechzig Farbholzschnitte und Zeichnungen des so geheimnisvollen verschwundenen japanischen Meisters dem ganzen Louvre Paroli zu bieten. Ein eigenartiges Erlebnis, fast so etwas wie die Zeitmaschine: *ein* Monat *einer* Theatersaison, die untergegangenen Stücke, die vergessenen Schauspieler, die verflogenen und dennoch bewahrten, geronnenen Momente, nebeneinander gehängt in dem kleinen, etwas umflorten Raum, vor den Augen irgendeiner, für die Abgebildeten unvorstellbaren Nachwelt – in solchen Augenblicken gefällt mir das Leben am besten.

Dass die Ausdrücke auf diesen merkwürdig stilisierten Gesichtern mir eigentlich wesensfremd sind, erhöht die Spannung nur noch.

Der Katalog führt uns noch einmal vor Augen, auf welch extremer Spezialisierung solche Ausstellungen basieren. Bis zu der Monographie, die Julius Kurth ihm 1910 widmete, ist Sharaku im Grunde ein Unbekannter, auch in Japan. Danach geht es schnell: Am besten illustriert dies die Beschreibung eines dieser Farbholzschnitte aus dem Jahr 1980. Nummer 20. Osagawa Tsuneyo II. (japanische Schauspieler haben, wie die Könige bei uns, ihre eigenen Dynastien) in der Rolle des Shizuka.

Exquisite Detektive waren hier am Werk. Sie wissen, dass das Stück vom 5. Mai 1794 an von der Truppe des Kawarazaki-za gespielt und im Februar 1751 bereits in anderer Form aufgeführt wurde, aber *eigentlich* auf einem bereits 1708 in Osaka gespielten Stück basiert. Der Schauspieler, ein *onna-gata* (Mann, der eine Frauenrolle spielt), hält die Hand graziös am Schwert, »die zarten Farben seiner Kleidung, ein sehr eng gegürteter rosa Kimono, zeigen den rosig-weißen, leicht glimmerisierten Halsausschnitt des inneren Kimonos«. Das Format ist *oban*, Höhe 381, Breite 251 Millimeter. Stempel der Zensur: *kiwame*. Signum des Verlegers: Tsutaya Jusaburo. Vierzehn Exemplare bekannt in öffentlichen Sammlungen (darunter im Rijksmuseum), neun in Privatsammlungen, sieben sind verschwunden oder liegen irgendwo auf einem staubigen Dachboden. Wer eines findet, ist reich.

Dann aber fängt die eigentliche Detektivarbeit erst an. War es wirklich *diese* Rolle in *dem* Stück? Oder war es eine andere Rolle in einem anderen Stück? Das ist wie Schachspielen in der Vergangenheit, und dazu mit einem unsichtbaren Gegner. Als ich die Galerie verlasse, bemalt die untergehende Sonne den Sandstein des Louvre mit der Farbe verwelkenden Klatschmohns. Der Gedanke, dass irgendwo da drinnen ein japanischer Kunsthistoriker damit beschäftigt ist, sein Handbuch der christlichen Ikonographie bei der Entschlüsselung einer mittelalterlichen Miniatur anzuwenden, bereitet mir ein diebisches Vergnügen.

Dezember 1980

1 Willem Robert van Gulik (geb. 1944): ehemaliger Direktor des *Rijksmuseum voor Volkenkunde* in Leiden, Sohn des berühmten Sinologen, Diplomaten und Schriftstellers Robert Hans van Gulik (1910–1967).

Der Schemen Nyogos

MANCHMAL MACHT MAN die merkwürdigsten Dinge. Bei meiner ersten Reise nach England fuhr ich mit dem Schiff. Es schien mir passend, sich einer Insel so zu nähern. Erst im letzten Augenblick kam das Land in Sicht, und derselbe Nebel, der es verhüllt hatte, hing auch um den Zug, der mich nach London brachte. Ich kam an Victoria Station an und konnte die Hand vor meinen Augen nicht sehen. Es wird fast dreißig Jahre her sein, und es stimmte mit dem überein, was ich erwartet hatte. England erschloss sich mir nur sehr langsam, und ganz ist es nie geglückt. Vielleicht ist es diese Erinnerung, die mich jetzt veranlasst, wieder mit dem Schiff nach England zu fahren, obgleich mein Ziel diesmal die große Japan-Ausstellung ist. Das Aufbrechen der japanischen Muschel war ein magischer Akt, sowohl für diejenigen, die es taten, als auch für die, die es erlitten, und trotz vieler Anzeichen des Gegenteils ist die Muschel noch immer nicht richtig offen, die unglaublich zähe Kraft des Schließmuskels noch immer nicht wirklich entschlüsselt.

Jeder weitere Schritt bringt mehr Aufschluss und mehr Geheimnisse, und so ist es auch bei dieser Ausstellung, die selbst schon zu einem Monument geworden ist, freilich zu einem, das wieder zerfallen wird, vergänglich, bewahrt nur im Katalog und in den Köpfen derer, die sie gesehen haben. Hier werden Dinge gezeigt, die kaum einem größeren Publikum zugänglich waren, und ein Teil davon wird um Weihnachten wieder in seine ferne Schatzkammer zurückreisen und zeit unseres Lebens nicht mehr daraus auftauchen. Dass diese verschwundenen Exponate am 27. Dezember durch andere ersetzt werden, bedeutet für den echten Liebhaber eine zweite Reise nach London.

Monument – seit ich die Ausstellung gesehen habe, finde ich das Wort nicht schlecht gewählt. Alle Exponate zusammengenommen – Wandschirme, Schwerter, *kakemonos*, Holzschnitte, *ne-tsuke*, Teeschalen – bilden ein Monument. Sie sind fast zurückhaltend und dadurch subtil und klar zur Schau gestellt, alles scheint Luft um sich zu haben. Die Auswahl ist raffiniert, und trotz der Fülle ist kein Stück zuviel. Aber dadurch behalten die gezeigten Gegenstände auch etwas Ätherisches und Sakrales, als müssten sie eines wie das andere mehr zeigen als nur sich selbst, und so ist es natürlich auch. Die Wirkung ist die großer Stille, und dieses Stillwerden wiederum hat etwas von einer toten Kultur. Das stimmt, denn das Aufbrechen der japanischen Muschel im Jahr 1853 durch Kommodore Perry bedeutete das *endgültige Ende* der Tokugawa-Periode, in der Japan sich bewusst die völlige Isolation der Reinkultur auferlegt hatte, in der diese Kultur sich auf dem Nährboden des Bisherigen entwickeln konnte. Und gleichzeitig stimmt es nicht, weil Japan in dieser abgeschlossenen Periode eine Entwicklung durchmachte, an die sich die verblüffenden Erfolge des modernen Japan nahtlos anschließen. Dieser Erfolg ist in gewisser Weise mysteriös, so sehr, dass Gewerkschaftsführer wie Lech Walesa und amerikanische Topmanager glauben, der goldene Schlüssel zum Erfolg werde irgendwo an einem geheimen Ort in Japan versteckt gehalten. Doch um diesen Schlüssel in die Finger zu bekommen, müsste ein anderes Volk die Geschichte Japans noch einmal durchleben, und das ist natürlich nicht möglich, denn dazu müsste es erst eingesperrt werden. Ein Land zweihundert Jahre lang *dichten*, das klingt nach poetischer Freiheit. Aber genau das ist es, was die Erbdiktatur der Tokugawa-Shogune mit Japan gemacht hat.

Die Ausstellung fängt mit der kurzen, aber wichtigen Momoyama-Periode (1568–1600) an. Nach einem Jahrhundert bitteren Bürgerkriegs, in dem die großen Feudalherren einander gnadenlos bekämpften, gelingt es Oda Nobunaga, den Anfang zur Einigung des Landes zu machen. Nach seiner Ermordung 1582 wird Toyotomi Hideyoshi (1536–1598) sein Nachfolger. Er baut Burgen und Schlösser, wodurch die neue Kunst des bemalten Stellschirms entsteht, die Teezeremonie und alles, was an »angewandten« Künsten dazugehört, entwickelt sich während seiner Herrschaft zu hoher Blüte; seine Invasionen in Korea scheitern zwar, haben aber zur Folge, dass Japan durch Korea neue Formen von Keramik- und Lackarbeiten kennenlernt. Sein Nachfolger, Tokugawa Ieyasu (1542–1616) ist der erste Tokugawa-Shogun. Shogun lässt sich vielleicht am besten mit Generalissimus übersetzen, da seine Machtbefugnisse sich durchaus mit der absoluten Macht von Diktatoren wie Stalin oder Franco vergleichen lassen. Dass daneben der göttliche Schemen des Kaisers – wie ein seltener Vogel in seinem Palast und dem Hofstaat in Heian (dem heutigen Kioto) eingesperrt – weiterbestand, ist eines jener Geheimnisse Japans, das nie ganz enträtselt werden wird. Dieser Kaiser besaß keinerlei Macht mehr, und trotzdem lassen die Tokugawa ihn an seinem fernen Hof überwacht und in seiner Bewegungsfreiheit eingeschränkt weiterexistieren, bis nach einer langen Reihe von Shogunen und Kaisern der letzte Tokugawa die Macht wieder an den Kaiser zurückgibt. Doch da schreiben wir bereits das Jahr 1868, und Japan hat rund 250 Jahre Polizeistaat hinter sich. Es hat etwas Unbeholfenes, so große Worte zu benutzen, aber dem Fremden kann man sich nun einmal am besten mit den eigenen Begriffen nähern. Das schafft zwar wieder neue Verwirrung, doch in dieser Verwirrung wird zumindest etwas deutlich.

Nachdem Ieyasu seine letzten bedeutenden Widersacher 1600 bei Sekigahara (für Japaner so wichtig wie für uns die Schlacht bei Nieuwpoort) endgültig besiegt hat, gründet er seine Hauptstadt in Edo, dem heutigen Tokio. Seine militärische Macht ist mittlerweile so groß, dass selbst die mächtigsten Feudalherren nicht mehr an Aufstand denken. Er verpflichtet sie dazu, sich während festgelegter, längerer Zeiträume in Edo aufzuhalten. Dadurch hat er sie nicht nur besser unter Kontrolle, sondern er bindet sie auch finanziell. Um weiterhin soviel Staat machen zu können – wie der englische Adel, der für *the season* nach London zog –, müssen sie sich in hohe Unkosten stürzen, was wiederum den Bürgern des aufblühenden Edo zugute kommt. Die Grundlage der Wirtschaft Japans waren die Reis produzierenden ländlichen Gebiete; der Reichtum hier wurde in *koku* gemessen (ein *koku* sind fünf Scheffel, sagt mein Wörterbuch), und von der zur Verfügung stehenden *koku*-Menge (26 Millionen) erhielt die Tokugawa-Familie

17 Millionen. Die *daimyos* (Feudalherren) mussten – gemeinsam mit den von ihnen Abhängigen – mit 9 Millionen *koku* auskommen. Neben und mit diesem gigantischen Reichtum sorgten eine Reihe eiserner Gesetze und ein unerbittliches System der Kontrolle und Gegenkontrolle dafür, dass die Machtstellung der Regierung unangefochten blieb. Die Gesellschaft war rigoros in Stände aufgeteilt, und ebensowenig wie man das Land verlassen durfte, konnte man die Grenzen seiner Kaste überspringen. An der Spitze der Gesellschaft standen die Samurai-Krieger, danach folgten die Bauern, die Handwerker und erst zum Schluss die Kaufleute, aber auch durch die merkwürdige Umwertung aller Werte, die in der Edo-Zeit erfolgt, wird nun gerade der geringgeschätzte Kaufmann reich, und der adlige Samurai, für den es immer weniger zu tun gibt, bleibt vornehm, wird aber immer ärmer. Der Niederschlag all dessen ist für den, der die Geschichte kennt, auf dieser Ausstellung deutlich zu erkennen.

Das aufsteigende Bürgertum ist zwar an all diese strengen Regeln gebunden – jegliches Zurschaustellen von Überschwang ist von Übel, und was Überschwang in Kleidung, Häuserbau und Kunst war, wurde von oben bestimmt –, aber sie greifen nicht. Der neue Reichtum ist unaufhaltbar, und so entsteht eine ungekünstelte Kunst des neuen Standes für den neuen Stand, während sich parallel dazu eine schlichte, verhaltene aristokratische Kunst nach eigenen Gesetzen entwickelt. Wenn ich sage, dass dies gut zu erkennen ist, soll das nicht heißen, dass das Abwägen zwischen beiden Strömungen ganz gelingt.

Das liegt nicht immer an den thematischen Präferenzen, sondern auch an der Präsentationsweise. Die phantastische Kleidung, die bei so etwas Lebendigem und zur »fließenden, flüchtigen Welt« *(ukiyo)* gehörenden Theaterformen wie *kabuki* und *kyogen* getragen wurde, bekommt, wenn sie in einer Vitrine ausgestellt wird, etwas Sakrales und Statisches: Genausogut könnten es Messgewänder in einem spanischen Museum für kirchliche Kunst sein. Prachtvoll, keine Frage, aber erstarrt, jede Vorstellung eines darin steckenden »fließenden« Schauspielerkörpers ist daraus verbannt, der Klang des Pathos und der Komödie daraus vertrieben. Das gleiche gilt natürlich für eine Reihe von Gebrauchsgegenständen. Allein schon dadurch, dass sie so solitär und autonom ausgelegt sind, schaffen sie eine nichtweltliche Distanz und nehmen einen Kunstwert an, der jeden Gedanken an einstige Alltagswirklichkeit weit von sich weist. Das alles muss zweifellos eine Rolle in der Kontroverse gespielt haben, die es im Vorfeld zwischen den japanischen Förder- und Regierungsinstanzen sowie der englischen Ausstellungsleitung gegeben hat.

Was ist Kunst? so könnte man diesen Konflikt zusammenfassen. Die Japaner wollten ihre klassische, aristokratische Kunst zeigen, Malerei, Kalligraphie, auch aus früheren Epochen. Kunstgewerbeerzeugnisse waren und sind für Japaner keine Kunst. Es sind Gebrauchsgegenstände, und dass wir sie so schön finden, macht sie noch nicht zu Kunst im klassischen Sinne des Wortes. Die für die Ausstellung Verantwortlichen dagegen wollten gerade die Edo-Zeit in ihrem Gesamtzusammenhang zeigen. Der Einfluss Chinas war in dieser Zeit im Vergleich zu früheren Zeiten spürbar zurückgegangen, und nachdem die Portugiesen und Spanier des Landes verwiesen waren, konnten alle Zweige dessen, was *wir* als Kunst bezeichnen, sich völlig selbständig entwickeln. Wenn wir noch einen Augenblick bei unserer eigenen Definition von Kunst bleiben (und damit Kimonos, Lackdosen und Bordellszenen mit einbeziehen), so stellte sich das Problem folgendermaßen dar: Das rigide Kastensystem – über dem noch ein kaiserlicher Hof mit eigenen künstlerischen Traditionen und Normen thronte – führte zwangsläufig zu einer Kastenkunst. Vielleicht kann man sogar besser von einer Ständekunst sprechen. Die Japaner wollten von einer solchen Einteilung, die nach unserem Verständnis essentiell für die Edo-Zeit ist – und für die Liebhaber von Theater- und Geishabildern deren Reiz ausmacht –, nichts wissen. Die Gestalter der Ausstellung wollten jedoch ausdrücklich auch zeigen, dass die in den Jahrhunderten des Tokugawa-Shogunats entstandene Volkskunst die unmittelbare Grundlage des Geschicks, des fachlichen Könnens und der Erfindungsgabe bildet, die Japan in unserem Jahrhundert so groß gemacht haben. Das sowie die für uns immer noch etwas rätselhafte Opferbereitschaft und der Gehorsam des *samurai* (der Dienende), diese eigentümliche Kombination hat während der langen und ebenfalls so außergewöhnlichen Isolation dem japanischen Wunder den Boden bereitet. Bei allem visuellen Genuss hat diese Ausstellung einen stark didaktischen Unterton: Demjenigen, der sein Schauen durch Denken unterstützen will, wird hier zumindest ein Teil des spröden Geheimnisses entschlüsselt.

Aber es ist schwierig. Asiatische Kunst in gehäufter Form bringt mich immer leicht aus dem Gleichgewicht. Der Mangel an linearer Perspektive destabilisiert, das Fehlen von Psychologie verfremdet, das Nichtvorhandensein von Kenntnissen über Emblematik, Mythologie, Symbolik, Literatur macht unbedarft, fast schon blind. Längst nicht immer *weiß* ich, was ich sehe: Genauso wenig wie ein Bewohner Nepals ein romanisches Tympanon mit der Apokalypse *lesen* kann, kann ich hier bei manchen Darstellungen sehen, was da steht. Ich sehe die Darstellung und genieße sie als solche, weiß aber bei weitem nicht immer, was sie *bedeutet*.

Die Hälfte dessen, was sie ausstrahlt, kommt nicht bei mir an. Es bleibt noch genug, sagt der unverfälschte Genussmensch in mir, aber diese sich entziehende Bedeutung verunsichert mich doch. Portraits sind ein Vorwand für den Großeinsatz von Linien, Farben, Plastizität, aber Seelen finde ich nicht, ich blicke auf Figuren, nicht *in* sie. Das gesamte Sehsystem erhält einen sanften, aber treffsicheren Schlag unter die Gürtellinie, wodurch es ins Wanken gerät. Mit einer gewissen Dreistigkeit könnte man sagen, dass japanische Kunst unnatürlich und unmenschlich ist, und dann im Wegrennen, bevor das Bambusrohr der Kenner und Meister herabsaust, von weitem noch rufen, dass man es so nicht gemeint hat. Wie aber dann? Unmenschlich, weil keine erkennbaren Portraits, keine Ich-heiten gezeigt werden. Unnatürlich, weil die Natur derart stilisiert ist, dass sie über sich selbst hinausgehoben wird. Es ist fast immer eine Idee der Natur, die ich sehe, nicht die Natur selbst. Ist das schlimm? Nein, schlimm ist das nicht. Man muss sich nur daran gewöhnen. Ideen treffen einen manchmal härter als die Wirklichkeit. Ein Beispiel dafür sind zwei Wandschirme – mit jeweils sechs Flächen – von Watanebe Shiko (1683–1755). Diese *byobu* mit ihrem emblematischen Gold stellten Dekorationen für die Palasträume der prachtliebenden Shogune dar, aber unabhängig von dieser Bedeutung sehe ich sie nun als Fortsetzungsbilder. Es ist nicht so sehr die wollüstige, wiederholte weibliche Rundung dieser Hügel, die unnatürlich ist, denn es gibt solche Hügel in Japan, ich habe sie gesehen, seltsame, jähe Wölbungen, Herzensergüsse der Landschaft. Diese Hügel liegen bei Yoshinoyama, und seit dem siebten Jahrhundert ziehen Japaner im Frühjahr dorthin, um die Kirschblüte zu bewundern. Was seltsam ist, ist das Fehlen *anekdotischer* Natur. Keine Wolken, Wege, Zäune – keine Erde und auch kein Himmel. Die dunkel- und hellgrünen Rundungen und der weißrosa Schnee der Blüten sind in einem tiefen goldenen All von einer derartigen Intensität gefangen, dass die Darstellung dadurch überhöht wird. Hier hält jeder den Atem an, auch die Natur.

Noch stiller ist es auf einem anderen Wandschirmpaar von Kano Tan'yu, das um 1650 gemalt worden sein muss. Auch hier herrscht Gold vor, ich merke, dass ich vor soviel Gewalt einen Schritt zurücktrete. Auf beiden Schirmen sind nur zwei Kiefern abgebildet. Was auffällt, ist, wie gnadenlos viel der Künstler sich leer zu lassen getraut hat. Nähme man die Schirme auseinander, so wäre auf einigen der Tafeln nur noch das Ende eines Astes sichtbar, der Rest ist goldene Leere. Der Gedanke, dass es hier mehr um die *Idee* dieser Bäume geht als um Bäume, die der Maler irgendwann irgendwo wahrgenommen hat, ist gar nicht so abwegig. Ändern oder Übermalen ist auf Seide nicht möglich: Was steht, das steht und kann nicht abgewandelt werden. Der Künstler muss das, was er abbilden will, genau im Kopf haben, er muss treffsicher sein wie ein Schwertkämpfer (unter den *samurai* befanden sich große Maler und Kalligraphen). Er benutzt Handgelenk *und* Ellbogen, schlägt mit einem einzigen Pinselstrich zu, was, wenn man durch die Stille der Darstellung hindurchschaut, eine merkwürdig eruptive Wirkung haben kann.

Viele Menschen genieren sich, auf einer solchen Ausstellung mit einer Tonbandkassette herumzulaufen. Man kommt sich lächerlich vor mit einer ins Ohr gestöpselten Schnur, durch die Weisheit einsickert. Ich habe es auf dieser Ausstellung trotzdem getan, und eine ruhige englische Stimme begleitet mich von Momoyama zur Frühen Edo-Kunst, von der Hohen zur Mittleren Edo-Kunst, von einem Saal zum nächsten, von einem Gegenstand zum nächsten. Man kann die Stimme anhalten und zurückstellen, und zum Schluss merke ich, dass ich mich mehr als viereinhalb Stunden in der Ausstellung aufgehalten habe. So wandere ich von *kakemonos* zu Schwertern, von Stellschirmen zu Kimonos, von der ätherischen Atmosphäre der Hofkunst zum immer fröhlicher werdenden Straßenlärm. Ich staune, bewundere und schaue, ich verspüre den Neid des Ausgeschlossenen manchmal gleichzeitig mit dem Genuss des Eingeweihten, die Stimme und die Gegenstände spinnen mich ein, einige werde ich, glaube ich, nie vergessen, wie zum Beispiel diese Samurai-Rüstung mit dem goldenen Schwert asymmetrisch auf dem Helm wie der Panzer eines verrückt gewordenen Tiers, das in eine aussichtslose Seitenstraße der Evolution abgebogen ist, wo es vernichtet werden wird. Was ich bestimmt nicht werde vergessen können, ist die Azuma genannte *raku*-Schale aus dem frühen 17. Jahrhundert. Ich bin nicht für das Vermischen meiner Kompetenzen (einer, der ersinnt und beschreibt), aber jemand, der meinen Roman *Rituale* gelesen hat, wird vielleicht nicht glauben wollen, dass ich noch nie eine klassische *raku*-Schale in natura gesehen hatte. Gut, da stand sie also, *meine* Schale, wie ich sie mir vorgestellt hatte, in Reichweite, aber unberührbar, schwarz und glänzend mit einer weißaschigen Wolke, die langsam auf die rauhe Oberfläche herabschwebt und in der verführerischen, unsichtbaren Tiefe des Sumpfes versinkt.

Während ich in dieser Ausstellung umhergegangen bin, habe ich mehr als fünfzig Seiten meiner Kladde mit Notizen gefüllt. Die meisten haben keinen Eingang in diesen Text gefunden, weil es nun einmal nicht möglich ist, einen Kosmos zu beschreiben. Und doch war es das: eine nicht nur geographisch-räumlich, sondern auch zeitlich abgeschlossene Welt, als ob auch in diesem alles durchdringenden Element, das die Zeit ist, ein hoher und undurchdringbarer Schirm aufgestellt gewesen wäre, hinter dem diese Kultur in ihrer eigenen Luft blühen konnte. Die letzte Notiz in meiner Kladde bezieht sich auf die Sänfte *(norimono)* des fünften Tokugawa-Shoguns Tsunayoshi. »Geschlossener Käfig« habe ich dazu geschrieben, und genau das ist es auch, ein Käfig für einen Mann, und das war der Mächtigste von allen. »Its formality and impractability symbolize the inwardlooking and rigid attitude of the shogun government and its lavish craftsmanship, the skills which were to help Japan to its successes in the modern world.«

Ich reise ab, wie ich gekommen bin, mit dem Schiff. Es stürmt und regnet, vom Land ist nichts zu sehen, so dass es scheint, als führen wir in die Unendlichkeit hinein. Und weil sich im Leben nun mal alles reimt, lese ich in diesem Moment das Ende eines Romans von Saikaku Ihara (1642–1693). Das Buch heißt *Yonosuke, der dreitausendfache Liebhaber* und vermittelt, stärker als viele der berühmten Holzschnitte, ein Bild vom flotten, fröhlichen Leben, wie es sich jenseits der diktatorialen Sänfte abgespielt hat. Der Held, Yonosuke, führt ein ausgelassenes, wollüstiges Leben. Vielleicht erreicht man beim Schreiben doch mehr als beim Radieren, denn die eingeengte Förmlichkeit des *ukiyo-e* verschwimmt und macht einem Japan lebendiger, stinkender, sich paarender Menschen Platz, oder, um dieselbe, bereits zitierte Hyperbel noch einmal zu verwenden: Die Stilisierung, die Unmenschlichkeit verschwindet daraus, dieses Japan lebt und braust, und sogar die Vorstellung von einem Polizeistaat kommt kurz ins Wanken, denn die Kritik an der »Tyrannei« ist so freimütig und unverblümt, dass eine Veröffentlichung unter zeitgenössischen diktatorischen Regimen undenkbar wäre. Das Ende ist fröhlich und erinnert unwiderstehlich an Fellini. Nach einem Leben voller Liebschaften, Intrigen, Abenteuer und Affären mit Tänzerinnen, Witwen, Kurtisanen ist Yonosuke am Ende seiner Lüste angelangt. Er ruft seine alten Freunde zusammen, die sein vergnügungsreiches Leben mit ihm geteilt haben. Er lässt ein Schiff bauen, takelt es mit Segeln aus Damenunterwäsche auf, richtet es ein mit Andenken früherer Freundinnen. Als alles fertig ist, hissen sie die libidinösen Segel. »Wohin fahren wir?« fragen die Freunde, und Yonosuke erzählt ihnen, dass sie nach Nyogo führen, einer nicht existierenden, ausschließlich von Frauen bewohnten Insel, »die uns alle lieben werden, bis wir vor Erschöpfung sterben«. »Und dann«, so endet das Buch, »an einem klaren Tag am Ende des zehnten Monats des Jahres Tenwa 2 (1682), lief das Schiff mit seiner Besatzung ewig frohgemuter Abenteurer aus dem Hafen aus und segelte auf den grenzenlosen Horizont zu, von wo es nie mehr zurückkehren konnte.«

Und mit dem Gefühl, dass mit diesem Bild *mein* Bild der Edo-Zeit erst komplett ist, gehe ich an Deck und halte in dem wilden, grauen Tanz der Wogen vor mir Ausschau nach dem Schemen Nyogos.

Dezember 1981

Das Rätsel im Spiegel
Ian Burumas Abenteuer im Wunderland

NUR WER WAHRHAFT FASZINIERT IST, ist auch bereit, für sein Faszinosum zu leiden, und schöpft daraus womöglich auch noch Genuss. Den Außenstehenden mutet das seltsam an. Die stupende Menge an Horrorfilmen und Krimis, miesen Streifen, rührseligen *homu duramas (home dramas)*, Stripteasedarbietungen und Glitzershows, die Ian Buruma jahrelang gesehen und kommentiert haben muss, bevor er in seinem Buch *Japan hinter dem Lächeln* (Frankfurt 1985) ein Bild von Japan und den Japanern zeichnen konnte, ist erdrückend. Ich konnte den Verhau der Namen, Titel, Jahreszahlen und Plots nur in wohldosierten Mengen zu mir nehmen: Wurden diese überschritten, so fühlte ich mich buchstäblich erschlagen – und ich bezweifle, ob, abgesehen vielleicht von soziologischen Einzelstudien, irgend jemand jemals so viele Details aus einer solch merkwürdigen Mischung von Quellen vorgelegt hat.

Es ist, als nähme ein peruanischer Soziologe eine Analyse der niederländischen Gesellschaft und des niederländischen Volkscharakters auf der Grundlage der Zeitschriften *Story* und *Privé*, der populären Fernsehserien von Willy van Hemert, des »Theaters des Lachens«, der Sexshows in der Casa Rossa, der Cartoons Peter van Straatens, der Songtexte André Hazes', der TV-Figur Swiebertje und der Amsterdamer Volksbühne vor, vermischt mit einer Untersuchung des seriöseren niederländischen Films, der Thematik Simon Vestdijks, der Gedichte Remco Camperts und der Sexualität bei Jan Wolkers. Das klingt kurios, ist aber mehr oder weniger das, was Buruma getan hat, denn bei ihm kommen nicht nur Nō und Kabuki, Mishima und Tanizaki zur Sprache, sondern auch Schuhlöffelvergewaltigungen, »Polit«-Porno, der psychologische Hintergrund von Massageinstituten und »drei Taschentuchdramen«. Für diese Tonnen an Information dürfen wir dem Verfasser dankbar sein. Zum einen, weil es eine faszinierende Lektüre ist, und zum anderen, weil wir uns das Urmaterial nicht alles selbst zu Gemüte führen müssen. Ich darf ruhig Kawabata lesen, während Buruma anscheinend mehrere Jahre seines Lebens ununterbrochen vor dem Fernseher zugebracht hat und tapfer für uns durch den Sumpf gewatet ist. Aufgeschlitzte

Frauen, Ströme von Blut, Bäche voll Tränen oder, wie der Autor es in der Analyse einer Comic-Reihe für Kinder mit dem Titel *Dame Oyaji* (Dummer Papi) selbst ausdrückt: »Und so geht die Geschichte mit nie endender Grausamkeit weiter.« In dieser Analyse geht es um die Rolle des Vaters in der Familie. Wer sich japanische Väter noch als patriarchale Herrscher vorgestellt hat, legt die Idee bei der Lektüre schnell ad acta. In der betreffenden Familie wird der arme Vater wie ein Hund an einen Pfosten gebunden, muss auf allen vieren einkaufen gehen, wird bei lebendigem Leibe in einem Krematorium verbrannt, und sein einziger Freund in dieser grausamen Welt, ein Kanarienvogel, wird ihm unter lautem Gelächter der Kinder als Mahlzeit aufgetischt. Ist dies das Bild, das ich vom durchschnittlichen Gehaltsempfänger bei Honda, Mitsubishi oder dem Wirtschaftsministerium gewinnen soll? Dazu sagt Buruma: »Der Vater ist – besonders seit jüngere Vorstellungen von *demokurashi* (vor einem »r« in einem europäischen Wort kommt immer ein »u« – C.N.) seine ohnehin unsichere Position weiter erschüttert haben – häufig eine Witzfigur.« Und: »Ich wiederhole, dies ist ein für Kinder bestimmter Comic. (…) Schon ein flüchtiger Blick auf die Populärkultur zeigt, dass dieser Comic vielleicht etwas extrem ist, keinesfalls aber eine Ausnahme darstellt.«

Ich war nur wenige Male in Japan gewesen, und jedesmal waren die Rätsel bei der Abreise größer als bei der Ankunft. Dieses Buch ist die vielleicht intensivste Reise, die ich durch Japan gemacht habe, und im Grunde muss ich dasselbe von ihr sagen. Ich habe es nicht gelesen, um nun endlich des Rätsels Lösung für alles zu finden, was mir an Japan unverständlich ist, vielmehr wird das Rätsel, wie nun mal bei Geheimnissen üblich, in diesem Fall gerade durch die Schlüssel, die Buruma einem reicht, nur noch größer. Wahrscheinlich gibt es auch nichts Geheimnisvolleres als die Vorstellung vom essentiell *Anderen.* In Chris Markers Film *Sans Soleil,* den ich vor einigen Tagen sah und der zu einem großen Teil in Japan auf der Straße gedreht worden ist, sieht man sie eilen, die *salarymen,* wie sie dort heißen. Als ich da war, hat mich das auch immer so beeindruckt, diese Männermenge, die einem in der Rush-hour entgegeneilt, ausnahmslos in Anzug und weißem Hemd mit Krawatte, und wie das tausendfache Bild *eines* solchen Mannes auf für Europäer unvorstellbar disziplinierte Weise vor der roten Ampel stehenbleibt.

In diesen Köpfen hausen nun also die Begriffe, deren emotionale und soziale Bedeutung Buruma ausgiebig erläutert. Doch auch diese Erläuterung zieht wieder eigene Fragen nach sich. Wenn er zum Beispiel im Zusammenhang mit dem »beliebtesten Drama, das je in japanischer Sprache geschrieben wurde« (*Chushingura* oder »Die Geschichte von den siebenundvierzig Ronin«) vom Begriff *on* spricht, dann rächt sich in erster Linie die Doppeldeutigkeit unserer eigenen Sprache. Bei uns im Niederländischen – und das sagt natürlich wieder etwas über unseren Charakter im Vergleich zu beispielsweise dem der Engländer oder Spanier – kann das Wort »Schuld« sowohl eine finanzielle wie eine moralische Schuld bedeuten. Nun tritt eine doppelte Begriffsverwirrung ein, denn Buruma sagt in dieser Passage: »Jeder Japaner trägt schon bei seiner Geburt eine Schuld.« Diese Schuld heißt *on*, und man trägt sie »seinen Vorfahren gegenüber, weil sie die Familie fortgepflanzt haben, und zweitens seinen Eltern gegenüber, weil sie ihn auf die Welt gebracht haben«. Und obwohl klar ist, dass es sich hier eher um eine Form von Ehrenschuld handelt als um den christlichen Begriff der Erbsünde (und die dazugehörige Erbschuld), scheint es doch so, als sei ein Japaner *schuldig*, wenn er diese Schuld nicht begleicht. Das aber ist ja nun schlechterdings unmöglich, denn obwohl die Worte »Schuld«, »Schuldgefühle« und »schuldig« in mehreren Passagen fallen, legt Buruma gleichzeitig dar, dass der Japaner die westliche Idee der moralischen Schuld nicht kennt, weil er sich nicht im Einklang mit einem universalen Prinzip verhält, sondern gemäß sozialen Verhaltensregeln. Wer diese übertritt, empfindet eher Scham. Oder ist es doch *Schuld*, die der Scham vorangeht?

Es mag nun den Anschein haben, ich machte die Sache unnötig kompliziert, aber ich glaube nicht, dass ich das tue. Es *ist* kompliziert. Für eine Reihe von Begriffen wie *giri*, *amae*, *kata* und *koha* gibt es auch keine lapidaren Übersetzungen, sondern lediglich Umschreibungen. Die Tatsache jedoch, dass diese Umschreibungen möglich sind, bedeutet wiederum, dass die Begriffe begreiflich gemacht werden können, womit die Vorstellung vom essentiell Anderen schon weniger totalitär wird. Essentiell anders, darf man das überhaupt sagen? Das weiß ich auch nach der Lektüre dieses Buchs nicht. Ein Mensch, der in einer Gesellschaft aufwächst, die von allgemeingültigen moralischen Prinzipien ausgeht, muss essentiell anders sein als einer, der in einer auf sozialen Verhaltensregeln basierenden Gesellschaft groß wird.

In letzterer ist er, und Buruma legt das ausführlich dar, Mitglied einer Gruppe, Mitglied der *japanischen Familie*, und bemüht sich nach Kräften und auf Kosten seiner Individualität, sich als Mitglied ebendieser Gruppe zu verhalten, nicht aus ihr herauszufallen, insbesondere nicht als »anders« in Erscheinung zu treten. Das führt im Westen sehr schnell zu der irrigen Auffassung, den Japaner als Individuum gebe es im Grunde gar nicht. Und auch wenn es mit Sicherheit eine Form von Gleichgültigkeit gegenüber dem eigenen Schicksal gibt, die wir so nicht kennen, braucht man doch nur die

Romane von Yasunari Kawabata oder Kenzaburō Ōe oder, noch früher, von Ihara Saikaku oder Murasaki Shikibu zu lesen, um zu wissen, dass es mit diesem »anderen« nicht so weit her ist, dass unter allem, was uns fremd vorkommt, eine gemeinsame Basis an *condition humaine* liegt, die es ermöglicht, dass wir uns mit den Protagonisten dieser Romane identifizieren. Gleich und doch nicht gleich, könnte man zusammen mit dem Philosophen folgern, und es gelingt Buruma, wiederum paradoxerweise, gerade indem er das *Nicht-Gleiche* so ausführlich dokumentiert, uns die Idee des *Doch-Gleichen* näherzubringen. Allerdings muss der Leser dabei so manches Kap aufrichtigen Schauderns und schierer Fassungslosigkeit umschiffen, vor allem in dem Kapitel über Gangster und *nihirisutos* (Nihilisten), in dem es unter anderem um die für uns nahezu undenkbare Ästhetisierung von Mord und Gewalt geht. Als Beispiel zieht Buruma ein Buch heran, das 1983 mit dem höchsten Literaturpreis ausgezeichnet wurde. »Der Autor Kara Juro folgt einer alten Tradition in der japanischen Literatur, indem er seine fiktive Erzählung um ein reales Ereignis kreisen lässt. Die Tatsachen, auf denen das Buch mit dem Titel *Briefe aus Sagawa* basiert, sind recht eindeutig: Ein japanischer Student in Paris erschoss seine niederländische Freundin rücklings, schnitt sie mit einem elektrischen Messer in Stücke und verzehrte Teile ihrer Leiche.« (Dass er das auch noch auf Band aufnahm und dass dieses Band vor kurzem in Japan gesendet wurde, erwähnt Buruma nicht – vielleicht wusste er es noch nicht.) »In Karas Buch wird der Mord weder analysiert noch verurteilt, sondern ästhetisiert. Jeder Versuch, die Wahrheit zu dokumentieren, wird bald aufgegeben, und der überwiegende Teil des Textes ist – obwohl die wirklichen Namen und Ortsbezeichnungen beibehalten sind – den persönlichen Träumereien des Autors gewidmet. Trotzdem hat der Leser das etwas unbehagliche Gefühl, nie ganz zu wissen, was Tatsache und was Fiktion ist. Das heißt, für jemanden, der einer Tradition entstammt, in welcher die Wahrheit als etwas Heiliges angesehen wird, ist die Lektüre unbehaglich.«

Ich muss gestehen, dass sich mir beim letzten Satz und beim Wort »Wahrheit« die Haare sträuben. Buruma-Bewunderer Rudy Kousbroek ist kürzlich ziemlich heftig über Rob Nieuwenhuys hergefallen, weil dieser sein »europäisches Wesen« durch ein Übermaß an Verständnis für einen *rampok macan* verleugnet habe. Dabei ging es hier »nur« um die – vor langer Zeit erfolgte – rituelle Tötung eines Tigers und nicht um den – vor kurzem erfolgten – Verzehr eines Mädchens. Aber ich will Buruma wieder zu Wort kommen lassen: »Karas Buch ist hier und da kritisiert worden, aber aus rein ästhetischen Gründen. Moral oder der Mangel an Moral ist nie ein Gesichtspunkt, ebensowenig wie der laxe

Umgang mit der Wahrheit. Man beurteilt den Autor nach seinem literarischen Stil. In seinem Buch wurde ein echter Mord in Kunst verwandelt – nicht mehr und nicht weniger. Als Kunstwerk ist es von der Realität gelöst und braucht nicht moralisch verdammt zu werden. Wenn man die Menschen ermuntert, ihre brutalen Impulse in der Phantasie auszuleben und sie im realen Leben zu unterdrücken, verfügt man über eine wirksame Methode, die Ordnung zu schützen. Schließlich besteht eine der Funktionen des Theaters darin, dass der Zuschauer Verbrechen in Stellvertretung begehen lässt. Solange die *tatemae* von Hierarchie, Etikette und Schicklichkeit gewahrt wird, darf der frustrierte Firmenangestellte sich so viele Bilder gefesselter Frauen ansehen, wie er will.«

And never the twain shall meet, denke ich dann doch wieder, obwohl der Autor zu Recht darauf hinweist, dass sich die japanische Auffassung von Drama mit Artauds Theorie über das Theater vergleichen lässt. Doch trotz seines großen Einflusses ist Artaud nie wirklich Gemeingut geworden. Bin ich nun heuchlerisch, oder habe ich einfach nicht genügend unserer eigenen alltäglichen Gewalt-, Sex- und Horrorvideos der Art gesehen, der Buruma sich so eifrig ausgeliefert hat? Nachdem er sich, wie schon im Vorwort angekündigt, über die Analyse der kollektiven Phantasie der Japaner im ersten Teil mit der Welt der Frauen und im zweiten mit der der Männer (ein Zwischenkapitel handelt von Transvestiten) beschäftigt hat, lautet seine Schlussfolgerung: »Ein liebenswürdiges Volk.« Japaner sind ihrer eigenen Meinung nach (»hier gibt es eine gewisse Übereinstimmung«) »*wet* und *yasashii*, (...) sanft, bescheiden, liebenswürdig und zärtlich«. Sie drücken sich mit Hilfe von »warmen, menschlichen Gefühlen« aus anstelle von »trockenen, harten, rationalen Gedanken«. So will ich also versuchen, meine trockenen Gedanken noch einmal geordnet darzulegen.

Buruma behauptet in diesem letzten Kapitel, die sadomasochistische Pornographie, die Folterszenen im Fernsehen, »sogar im Kinderprogramm«, und all die anderen Greuel und Sentimentalitäten, durch die er uns, mögen sie auch noch so bizarr sein, geführt hat, seien normale Bestandteile des Alltagslebens in Japan. Für die wesensbestimmende Sanftmut muss der Beweis also woanders herkommen: Japan, sagt Buruma, sei eine Gesellschaft mit großer Geborgenheit und wesentlich weniger Gewaltverbrechen als in irgendeinem westlichen Land. Dagegen lässt sich wenig einwenden, *the proof* ist schließlich *in the pudding*. Wer lediglich Böses träumt, hat noch nichts Böses getan. Doch liegt das nun daran, weil die Japaner ihrem Wesen nach so sanftmütig sind, oder weil der Deckel des etikettären Konsenses so fest auf dem Topf sitzt? Burumas Antwort ist ein poetisches Bild im letzten Absatz des Buches: »Diese schauerliche und manchmal groteske Tendenz, die die japanische Kultur durchzieht – und zwar seit Jahrhunderten –, ist ein direktes Ergebnis der Tatsache, dass die Menschen sich einem so strikten und beengenden Code der Normalität anpassen müssen. Die dramatische Phantasie, die Welt des Absonderlichen ist eine Parallele der Realität oder, besser gesagt, ihre Kehrseite, so flüchtig und unfassbar wie ein Spiegelbild.« Nun ist der Leser doch für einen Moment aus dem Gleichgewicht gebracht: Über zweihundert Seiten solider Detailstudie großenteils doch unschöner Bürgerphantasien verflüchtigen sich plötzlich im Spiegel. Wie nun? Darf er sich jetzt doch wieder der aristokratischen Schlichtheit von *raku*-Schalen, der erkennbaren Klarheit von Bashōs Versen, der Ästhetik des Nicht-Violenten zuwenden, was ihm ohnehin soviel lieber ist, mag sie nun einem *kaiseki*-Gericht oder einem gefalteten Papier innewohnen? Kurzzeitig kommt ihn (mich) die übermütige Neigung an, das alles für Unsinn zu erklären, zu sagen, dass Japaner im Grunde genauso sind wie andere menschliche Wesen und dass sie lediglich dank ihrer reichlich merkwürdigen Geschichte ein paar Jahrhunderte lang in der *Reinkultur* der Tokugawa-Diktatur gelebt haben, wodurch sie auch heute noch anders in der Welt stehen. Was noch nicht bedeutet, dass sie anders *sind.* Und dann bin ich, merkwürdigerweise nach all den Seiten, doch einer Meinung mit Buruma, der sein Buch mit einer bejahrten Tante begonnen hat, die ihn eines Sonntagnachmittags fragte, was er gerade lese.

»Einen japanischen Roman, antwortete ich.

Wie ungewöhnlich, meinte sie, ›aber die Gefühle dieser Leute müssen sich doch von unseren kolossal unterscheiden.‹ Vielen fällt es, wie meiner Tante, immer noch schwer zu glauben, dass die Japaner nicht einfach exotische Transistorhersteller sind, sondern Menschen, deren Gefühle sich in vieler Hinsicht nicht von unseren unterscheiden. Da die Schrift der Japaner andersherum verläuft als unsere, nimmt man an, dass dies auch für ihre Gefühle gilt.«

Das Buch ist mit seinem ganzen Reichtum an hier erstmals zusammengetragenem Material eine Illustration der fundamentalen Ambiguität seines ersten und letzten Absatzes. Damit wird es selbst nicht »flüchtig und unfassbar wie ein Spiegelbild«, im Gegenteil. Ein Buch, nach dessen Lektüre man am liebsten einen Tag lang mit dem Verfasser eingeschlossen würde, um ihn auszufragen oder ihm zu widersprechen, kann unmöglich als flüchtig bezeichnet werden. Eher schon als Backstein im immer größeren Haus der Fragen, wobei man sich wie Alice im Wunderland immer weiter in die Rätsel und Widersprüche hineinlocken lässt.

Mai 1984

Rote Pflaumenblüte, Gelb von Lauchschösslingen
Die japanische Besetzung Belgiens

IST BELGIEN VON JAPAN BESETZT? Oder hat eine massenhafte Völkerwanderung von Japanern nach Flandern und Wallonien eingesetzt? Überall sieht man die beiden japanischen Zeichen, die auf die Veranstaltungen im Rahmen der Europalia '89 hinweisen, nicht nur in Brüssel, sondern auch in Antwerpen, Lüttich, Bergen, Löwen, Hasselt, Kortrijk, Brügge, Gent, als sei ein großer Stratege am Werk gewesen und habe sich die richtigen Punkte für seine Brückenköpfe ausgesucht. Nichts wurde dem Zufall überlassen, und wenn auch nicht alles da ist, so hat es doch den *Anschein*, als sei alles da. Von den siebenunddreißig Ausstellungen habe ich sieben besucht, die davon mitgebrachten Kataloge wiegen auf meiner Menschenwaage neun Kilo, wenn ich sie einst, im nächsten Leben, alle gelesen habe, kann ich mich als Japanologe niederlassen. Bis dahin muss ich mich mit Bruchstücken behelfen, den Brotkrumen, die man den Armen hinwirft, mit Fragmenten brillanten Spezialwissens, mit der Verwirrung über gegenläufige Strömungen im (japanischen) Buddhismus, mit der Überraschung über erotisches Raffinement bei Meistern, die ich so nicht kannte (Harunobu, Utamaro), mit einem Abstecher in die wie immer unschuldige Urzeit – was ich nicht weiß, muss ich mit dem, was ich weiß, in Einklang zu bringen versuchen. Die Verführung des Wissens ist groß auf diesen Ausstellungen, und damit meine ich die Verführung, mehr zu sehen als die Darstellung selbst, die Skulpturen, Gemälde, Masken, Vasen, Holzschnitte in ihrem historischen und/oder religiösen Kontext zu sehen, zu deuten, zu entschlüsseln, zu verstehen. Doch dafür brauchte ich einen Kopf, so groß wie der Kaiserliche Palast, und dann würde ich wahrscheinlich zusammenbrechen, wie japanische Kaiser es tun, die nicht sterben, sondern wie ein Berg einstürzen.

Das Massenaufgebot ist beängstigend, es ist eindeutig auch eine Manifestation von Macht. Hier will ein Land sich von seinem Altertum bis heute präsentieren, die Wirtschaftsmacht, mit der es in die gesamte moderne Welt vordringt, zeigt hier ihre transzendentale Ergänzung: das, was auch immer da war, Nährboden, Reflexion, die tausend Formen der geistigen Entwicklung, die die politische und wirtschaftliche begleitet hat. Denn das ist das Merkwürdige, ein Land bleibt von seinem Ursprung an, mag dieser sich später auch im Mythos verlieren, nicht stehen, die Linie, auch wenn sie infolge der Abgeschlossenheit von der Außenwelt oder durch Zeiten von Heimsuchungen und Katastrophen abgerissen oder ausgelöscht scheint, ist im Grunde *eine* lange, ununterbrochene Linie. Innere Machtkämpfe, Religionskonflikte, ausländische Einflüsse, die mal zugelassen werden und mal nicht, Dynastien, alles, was es auf diesen vom Meer umschlossenen Inseln gegeben hat, manifestiert sich jetzt als Einheit.

Dass darin eine Verfälschung steckt, steht außer Zweifel. Das Sublime ist natürlich nie die einzig mögliche Ausdrucksform einer Kultur, und was hier zu sehen ist, kann nur als sublim bezeichnet werden, es ist das vergeistigte, ästhetische, mystische und mythische Gesicht eines Landes, das als lebendige Wirklichkeit so natürlich nie aussieht. Das Japan, das man hier sieht, so könnte man sagen, ist heilig, und sei es nur aufgrund der Formen, und heilige Länder gibt es nun einmal nicht. (In diesem Zusammenhang fällt auf, dass die Japaner die Ausstellung *Shunga* – »Erotik in der japanischen Kupferstechkunst« – im Grunde ignorieren und nicht bereit waren, den wunderbaren Katalog, ein Sammlerstück, finanziell zu unterstützen.)

Heiligkeit, das weiß ich auch, ist ein Wort, mit dem

man heutzutage nicht weit kommt, aber abgesehen von den wirklich heiligen Darstellungen, Gegenständen und Figuren in diesen Ausstellungen – Tempelmalereien, Buddhas und Bodhisattwas, Nonnen und Priester, Tempelfeste – gibt es auch Formen von Ästhetik, die durch rituelle oder meditative Assoziationen die Aura des Heiligen heraufbeschwören. Ein Beispiel dafür ist die Ausstellung *Takakura*, kaiserliche Gewänder, und sei es nur deswegen, weil die übermannsgroßen Kleidungsstücke, auf Ständern aufgehängt, aufgrund ihrer Form wie auch des Stoffs in katholischen Gemütern sofort eine Assoziation mit Messgewändern auslösen. In diesen Kleidern, falls man sie überhaupt noch als solche bezeichnen kann, konnte ein Mensch nur schreiten, und nicht anders als in den kirchlichen Jahreszeiten waren auch in den kaiserlichen die Farben vorgeschrieben. Doch damit hat der Vergleich leider auch schon ein Ende, bis zum höheren Wahnsinn des Hofs hat die Kirche es nie gebracht: Bei einem Märtyrer war die Kasel rot, während der Hof aus dem gesamten Leben eine saisonabhängige Zeremonie gemacht hatte.

Nirgends ist das besser beschrieben als im *Kopfkissenbuch* der Hofdame Sei Shonagon und in *Die Geschichte vom Prinzen Genji* von Murasaki Shikibu, dem literarischen Höhepunkt der Heian-Zeit, um das Jahr 1000 unserer Zeitrechnung. Mir hat die Vorstellung immer ausnehmend gut gefallen, dass dies gleichzeitig auf der Erde existierte, ohne voneinander zu wissen: das Europa der apokalyptischen, endzeitlichen Phantasien, eine Zeit der Finsternis und der Katastrophen, und der weltabgewandte, kaum noch mit der Alltagswirklichkeit in Verbindung stehende Hof in Heian, der nur für sich selbst dazusein schien.

In einem anderen Katalog (*Japanische Drucke, Sammlung der Königlichen Museen für Kunst und Geschichte*, Brüssel), der allerdings zu den fünf aufeinanderfolgenden Ausstellungen über *ukiyo-e* (Malerei der vergänglichen Welt) in Charleroi gehört – wunderbare Ausstellungen, wichtiges Buch mit grundlegenden Einführungen samt Beschreibung und Reproduktion aller tausend (!) Drucke und gleichzeitig die Geschichte eines Meistersammlers –, wird Roland Barthes mit den Worten zitiert: »Osten und Westen dürfen hier also nicht als ›Realitäten‹ verstanden werden, die man einander historisch, philosophisch, kulturell oder politisch anzunähern oder entgegenzusetzen suchte. Ich blicke nicht mit verliebten Augen auf ein ›Wesen des Ostens‹; der Orient ist mir gleichgültig, er liefert mir lediglich einen Vorrat von Zügen, den ich in Stellung bringen und, wenn das Spiel erfunden ist, dazu nutzen kann, mit der Idee eines unerhörten und von dem unsrigen gänzlich verschiedenen Symbolsystem zu ›liebäugeln‹.«[1]

Eine solche Distanz kann ich nicht aufbringen, denn mein Blick ist entschieden verliebt, aber im Prinzip hat er recht. Es geht natürlich nicht um blinde Verliebtheit, sondern um Dekodierung und damit doch letztlich wieder um *Wissen*. Zu finden ist dieses Zitat von Barthes in einem Essay über das Bild der Frau in der *ukiyo-e*-Kunst. »Es ist unmöglich«, sagt der Verfasser des Essays, Marco Fagioli, »das weibliche Ideal, das sich im Verlauf der Kulturgeschichte Japans so stark wandelte, zu analysieren, ohne auf die Hofdamen der Heian-Zeit (794–1186) zu verweisen«, und dann nennt er unter anderem Sei Shonagon und Murasaki Shikibu. Seine These lautet, dass das weibliche Idealbild in jener Epoche der japanischen Geschichte anders als bei uns von den Frauen selbst bestimmt wurde, und zwar nicht nur durch das, was sie schrieben, sondern auch durch die Zeichen, die sie setzten. »Die Charakterbeschreibungen und psychologischen Typen, die in ihren Werken gezeichnet werden, legten die wichtigsten Kriterien der Weiblichkeit für die nachfolgenden Jahrhunderte fest.« Die Beschreibung der eigenen Kleidung und derjenigen der anderen sowie die Reaktionen darauf sind dabei ein (verschlüsseltes) Hilfsmittel. Es geht also niemals einfach um »Rote Pflaumenblüte« oder das »Gelb von Lauchschösslingen«. Zwar war die Kleidung durch die Jahreszeit festgelegt, aber das Element der Überraschung, Bewunderung, des Neids in den *noshi* (persönliche Memoiren, wörtlich: »Aufzeichnungen«) der beiden Autorinnen zeigt doch, was man mit der Kleidung und deren Farbe an Persönlichem ausdrücken konnte. In seiner Einführung zur *Takakura*-Ausstellung liefert W. van de Walle die folgende Erläuterung: »Viele Farben wurden aus fremden Pflanzen hergestellt, die aus China eingeführt wurden. Das galt zum Beispiel für Basisrot *(aka)*, das man aus der Blüte des Saflors (auch Färberdistel) gewann. Saflorrot scheint eine außerordentliche Anziehungskraft auf die Japaner jener Zeit gehabt zu haben. Dichter verglichen tiefe Gefühle mit diesem Rotton. Weil es eine Farbe ist, die leicht ausbleicht, wurde sie auch als Metapher für abgekühlte Liebe benutzt.« Vielleicht deuten dieses Beispiel und ungezählte andere tatsächlich auf höheren Wahnsinn, aber dann einen, der mir gefällt.

Ich bin genausowenig ein Semiologe wie die meisten Besucher, doch das Flimmern unter den Zeichen will verstanden werden, und sei es nur als Warnung, dass alles hier doppel- oder dreideutig ist, und das schärft den Blick und steigert die Rätselhaftigkeit. Sogar die Vermutung, dass da mehr ist, als man sieht, und dass ein Teil dieses *Mehr* wohl nie enthüllt werden wird, trägt zu meiner Erregung bei, und die bezieht sich ebenso auf das meditative Element in den Fotos von Zen-Gärten in Hasselt (wieder eine Sprache mit ganz eigener Grammatik) wie auf den anekdotischen Hintergrund eines willkürlichen *ukiyo-e*-Drucks. Als Beispiel wähle ich ein Bild von Harunobu. Wir sehen einen

Mann, der in einem an einem Ständer über der Erde hängenden Eisenkorb ein Feuer schürt. Er hockt in einem Garten oder auf einem Innenhof, auf jeden Fall im Freien, in einer Ecke einer halbmannshohen geflochtenen Umzäunung, und hat das Gesicht vom Feuer ab- und einer Frau zugewandt, die sich leicht über den Zaun beugt und ihm ein schmales, unbeschriebenes Blatt reicht. Ob sie sich dabei ansehen, ist nicht ersichtlich, die Augen sind durch kleine gebogene Linien nur stilisiert wiedergegeben, so dass die Blickrichtung nicht zu erkennen ist, wobei die Kopfhaltung des Mannes vermuten lässt, dass ihre Blicke sich nicht kreuzen. Ein paar vertikale und horizontale Striche und Linien deuten auf Gras; am ansonsten leeren Himmel symbolisiert eine sich selbst unterbrechende und dann mit einer kleinen Krümmung weiterlaufende Linie eine Wolke. Der herbstlich gefärbte Baum, links oben im Bild, hinter der Umzäunung, wird durch seine Position im Grunde zur dritten Figur.

Dieses Bild ist kein wirklich großer Harunobu, erst als ich später den Katalogtext dazu las, begann es mich zu fesseln, wahrscheinlich nur, weil darin die Rede von einem Gedicht ist. Es geht hier um ein *mitate*, eine moderne Bearbeitung einer Geschichte von Kaiser Takakura (1169–1180, der Druck selbst entstand um 1765). Der Kaiser ertappt eines Tages einen Diener beim Genuss von Sake, den dieser auf einem Feuer aus Ahornblättern erwärmt. Der Kaiser will gerade wütend werden, als ihm ein berühmtes Gedicht von Bai Juyi (722–846), einem der großen Dichter aus der Zeit der Tang-Dynastie, in den Sinn kommt: »Zwischen den Bäumen verbrenne ich Ahornblätter, um meinen Wein zu erwärmen.« Es geht hier also um einen Doppelverweis, der an sich schon das alles durchdringende Geschichtsbewusstsein in der japanischen Kunst illustriert: Ein Künstler erinnert sich an einen vor sechs Jahrhunderten lebenden Kaiser, der sich an ein drei Jahrhunderte zuvor entstandenes Gedicht erinnert. Das Bild weigert sich, davon schöner zu werden, aber man sieht es mit anderen Augen, und das gilt für die meisten dieser Drucke, seien es nun die Schauspielerportraits von Sharaku oder die von Utamaro, die das Privatleben der Schauspieler zum Thema haben, die modischen Schönheiten der zwölf Monate von Eisho oder ein Herbstmond von Utagawa Toyokuni; durch verschiedene Anspielungen kommt einem bei letzterem der Gedanke, Murasaki Shikibu müsse ein weiblicher Proust gewesen sein, der sich nicht, wie der französische Meister, in ein mit Kork ausgekleidetes Zimmer, sondern in den Ishiyma-Tempel am Biwasee zurückzog, um zu schreiben.

Es ist natürlich unmöglich, in der Ausstellung all diese Nuancen wahrzunehmen: Wenn man in die atemberaubende Hässlichkeit des heutigen Charleroi hinaustritt, ist man mehr als erfüllt von den Bildern jener anderen, verlorenen Zeit, man hat kein Aufnahmevermögen mehr. Erst später, zu Hause, kann das zweite, soviel tiefere Vergnügen des Lesens und Betrachtens beginnen, das den Bildern ihre wirkliche Dimension verleiht.

Eine sonderbare Epoche muss es gewesen sein, dieses strenge Polizeiregime der Tokugawa mit seiner Zensur und seinen Vorschriften, das den aufsteigenden Kaufmannsstand von den aristokratischen Künsten ausschloss, dadurch jedoch gerade zum Entstehen einer höchst lebendigen, blühenden Volkskunst beitrug, die im Glanz des Kabuki-Theaters und dem unvorstellbaren Reichtum der *ukiyo-e* zum Ausdruck kam.

Die *Shunga*-Ausstellung im kleinen Museum von Ixelles ist, da sie Holzschnitte aus derselben Periode von überwiegend denselben Meistern zeigt, eine natürliche Ergänzung der Ausstellung in Charleroi, allerdings ist die Atmosphäre eine andere. Ich besuchte sie an einem Sonntag, und es bestand großes Interesse vor allem, ich kann auch nichts dafür, vonseiten junger Paare. In langen Reihen zogen sie, meist Hand in Hand, an den Bildern vorbei, die, einzeln beleuchtet, im Halbdunkel aufgestellt waren. Hin und wieder, wenn jemand mit technischem Blick eine verschlungene Kopulation zu entwirren versuchte (und das geht dann häufig mit schiefgelegtem Kopf und vielem Fingergezeige vonstatten), geriet die Reihe ins Stocken. Getuschel, Geflüster, ernste Blicke, unterdrücktes Lachen, denn es ist nicht ohne, was da zu sehen ist. Fast nie sind die Abgebildeten nackt, wahrscheinlich weil das die Künstler der Möglichkeit berauben würde, ihr Raffinement im Darstellen der Falten, Bauschungen, Wölbungen und Muster der Kimonos unter Beweis zu stellen. Aber nackt oder nicht nackt – die Sexualorgane beider Geschlechter sind übergroß gegenwärtig, keinesfalls wurde versucht, die anatomischen Größenverhältnisse korrekt wiederzugeben, im Gegenteil. Am erstaunlichsten sind die Stellungen, denn um nur ja alles richtig ins Blickfeld zu rücken, müssen die Liebenden in diesen Bildern sich als Schlangenmenschen gebärden. Die Gesichter bleiben dabei kurioserweise unbeteiligt, das ergibt eine doppelte Verfremdung. Sowohl die anstrengende, unnatürliche Position als auch der Akt selbst würden auf westliche Gesichter andere Ausdrücke zaubern. Aber auch hier, wie so oft, muss ich mir selbst widersprechen, denn bei Meisterstücken dieser Ausstellung, wie beispielsweise einem Bild von Utamaro, sieht man nicht nur die Ekstase und Verzückung, sondern auch eine geballte Kraft, die nur durch die fließenden, plastischen Linien des Kimonos um dieses eine nackte, irrsinnig schön gezeichnete Frauenbein gemildert wird.

Unser eigenes Verhältnis zu Japan kann man in der Ausstellung *Oranda* studieren. Hier geht es weniger um Schönheit – was das anbelangt, hat die Namban-Kunst mit ihren goldenen Wandschirmen den Portugiesen mehr eingebracht –, kleine Wallungen von Nationalstolz lösen vielmehr die Eigentümlichkeit und Bedeutung unserer historischen Beziehung zu Japan und ihre zwei Jahrhunderte währende Exklusivität aus, unsere Rolle als Vermittler westlicher Wissenschaft, die Größe von Leuten wie Siebold und die Herrlichkeit von *rangaku.*[2]

Die Sonne, um die dies alles kreist, ist die Ausstellung *Der Mensch und sein Ebenbild.* Ein vernünftiger Mensch nimmt sich dafür einen Tag Zeit, denn was hier versammelt ist, wird zu unseren Lebzeiten nicht so schnell noch einmal zu sehen sein. Es reicht von der Vorgeschichte über die Nara-, Heian-, Kamakura-, Muromachi-, Azuchi- und Momojama-Zeit bis zum Jahr 1867, dem Ende der Edo-Epoche. Das Prunkstück der Ausstellung ist eine polychrome Skulptur, die Uesugi Shigefusa darstellt, ein Mitglied der kaiserlichen Regierung im dreizehnten Jahrhundert. Der Mann sitzt da wie im Auge seines eigenen Sturms, es scheint, als wollten seine Knie durch die Einwirkung einer geheimen Zentrifugalkraft von ihm wegfliegen, doch der Rest seines Körpers und vor allem der denkende Kopf sind völlig unbewegt und unbeweglich. Dadurch hat es den Anschein, als sei die gesamte Ausstellung um ihn herumgebaut, als würde die Zeit vor ihm und nach ihm mit all ihren Bildern von Macht und Heiligkeit, den grauenvollen Darstellungen des *rokudo-e* (Darstellung der sechs Vorbestimmungen), den Visionen von Himmel und Hölle, aber auch die rührende Unschuld der prähistorischen Skulpturen ihn umschweben, ein Sonnensystem, in dem der Lauf der Geschichte Japans sichtbar wird.

Zwei Skulpturen gehen mir nicht aus dem Sinn. Es sind Frauen, Terrakottafiguren, die eine aus der Jōmon-Zeit, ca. 10 000–300 v. Chr., eine stehende Figur mit einer herzförmigen flachen Scheibe als Kopf, einer breiten Nase und zwei Kreisen als Augen. Sie hat keinen Mund, diese Frau, sie kann noch nicht reden, sie hat noch keine Sprache, um zu sprechen, sie hört zu. Die zweite Skulptur ist ein Mädchenkopf. Sie stammt aus dem fünften Jahrhundert, sandfarbene Terrakotta, Löcher als Augen, ein kleiner Mund wie die Öffnung einer Spardose. Traurig schaut sie drein, als müsste sie die ganze Last nie endender Geschichte, die sie noch nicht kennt und die in den Sälen wie eine kunstgewordene Prophezeiung um sie herum versammelt ist, auf sich nehmen, und vielleicht war es auch so. Sie schaut wie ihre Schwestern in Mykene oder in Tenochtitlán, zeitlos unschuldig.

November 1989

1 Siehe Roland Barthes, *Das Reich der Zeichen*, Frankfurt/Main 1981.
2 Philipp Franz Siebold (1796–1866): deutscher Arzt und Japanforscher, Vermittler europäischer Wissenschaft im damaligen Japan. *rangaku*: »Holländische Wissenschaft«, Bezeichnung für Forschungen auf den Gebieten der westlichen Naturwissenschaften, v. a. Medizin, aber auch Geometrie, Waffentechnik und Chronometrie, im Japan der Edo-Zeit (1600–1868)

Die Geschichte vom Prinzen Genji

»WIE HAT ES ANGEFANGEN?«, oder einfacher: »Warum bin ich hier?« Aus Neugier natürlich, wie immer, aber eigentlich ist die Antwort eher literarischer als religiöser Natur, wenngleich sich das in diesem Fall nur schwer voneinander trennen lässt, denn nach vielen Japanreisen war ich endlich reif für die meisterhafte *Geschichte vom Prinzen Genji*, die ich einmal in der englischen Übersetzung von Edward Seidensticker in Kioto gekauft und jahrelang mit mir herumgeschleppt hatte, wie ich es auch mit *À la recherche du temps perdu* von Marcel Proust getan hatte, bis ich es mit zweiundvierzig endlich zu lesen begann. Zwischen diesen beiden Romanen liegen tausend Jahre und buchstäblich eine Welt an Unterschieden, und doch gibt es auch offensichtliche Übereinstimmungen. Beide Bücher sind aus meinem Leben nicht mehr wegzudenken, ein Teil der Tempel stand bereits, als Murasaki Shikibu ihr Buch schrieb. Es finden sich darin regelmäßig Berührungspunkte mit der Saigoku-Pilgerwanderung, wodurch meine eigene Reise im Grunde auch eine Wallfahrt zu diesem Buch geworden ist.

Die Geschichte vom Prinzen Genji ist keine einfache Lektüre. Mehr als 430 Personen bevölkern die 54 Kapitel und 1400 Seiten meiner Ausgabe. 2013 erschien die erste niederländische Übersetzung, von Jos Vos, Grund genug, mich erneut in das Buch zu vertiefen und auch *Der leuchtende Prinz*, das glänzende Buch von Ivan Morris über Genji, noch einmal zu lesen, das einem Einblick in das japanische Hofleben während jener Jahrzehnte verschafft, die dem Schreiben im Jahr 1 000 vorangingen. Tausend Jahre sind eine sehr lange Zeit. Wiewohl einem diese Welt vollkommen fremd ist, hat man doch nie das Gefühl, es entgehe einem etwas Fundamentales, dafür ist das Buch merkwürdigerweise zu modern. Es handelt von Menschen und ihren Seelenregungen, ihren Beziehungen. Zugegeben, ich habe mich regelmäßig mit der Ersten und der Zweiten Prinzessin vertan und mit Kammerherren des dritten und des fünften Rangs, häufig wusste ich nicht, ob eine Person nun tatsächlich mit einer anderen im Bett war, weil der Akt an sich nie explizit erwähnt, sondern nur angedeutet wird. Und das ist nicht weiter verwunderlich:

Am Hof lebte man ständig im Halbdunkel, am besten auch nachts noch, so dass man einander im Grunde nie richtig sah und demzufolge einen außergewöhnlich gut entwickelten voyeuristischen Instinkt besitzen musste, weil Frauen sich, ausgenommen bei öffentlichen Anlässen, nun mal nicht zeigten und es daher eine große Kunst war, durch Ritzen, Löcher, Öffnungen hinter Wandschirmen und Vorhängen doch etwas von der Betreffenden zu erspähen. Dass die Frauen ihrerseits die Männer oft genug auch nicht richtig sehen konnten, wurde durch ein außerordentlich hochentwickeltes System von Düften wettgemacht, Parfüms, die man, und das taten auch die Männer, selbst herstellte und an denen man, wie zum Beispiel Prinz Niou und sein Freund Kaoru in den späteren Uji-Kapiteln, einander sofort erkannte. Kurz und gut, ein halluzinatorisches und klaustrophobisches Labyrinth, das einen, je weiter man darin vordringt, immer stärker einspinnt, nicht zuletzt weil der politische Hintergrund, das ständige Schachspiel mit Formen von Einfluss und Macht als Einsatz, fortwährend verborgen und nicht verborgen mitspielt.

Genji ist ein ganzer Kontinent, dem ich mich im Laufe der Jahre auf verschiedenerlei Weise genähert habe. Das erste Mal las ich das Buch, wie bereits erwähnt, in der englischen Übersetzung von Edward Seidensticker, schaute später aber auch in die frühere

Übertragung von Waley, in der manche Kapitel andere Titel haben und Personen andere Namen und Funktionen bei Hofe. Seidensticker musste sich natürlich gegen die sehr berühmte erste englische Version behaupten, dafür gibt er dann und wann fesselnde Beispiele aus seinem Tagebuch, das er während der langen Jahre der Arbeit am *Genji* führte. Auf deutsch erschien der Roman im Insel Verlag, allerdings war es eine Übersetzung der Waley-Übersetzung, das heißt, sie zählt eigentlich nicht. 2010 fand ich in einem Münchener Antiquariat die einzige andere deutsche Ausgabe, die zudem direkt aus dem Japanischen übertragen ist, doch das steigerte meine Verwirrung nur noch, denn am Ende gibt es eine Liste der *dramatis personae*, in der der Übersetzer Oscar Benl mit barbarischem Vergnügen Figuren aus dem Buch, die denselben Namen tragen, aber dennoch andere Menschen sind, nebeneinanderstellt. Bei den über vierhundert Personen, die im Roman vorkommen, ist Verwirrung dann unvermeidlich, aber auch spannend, weil man versuchen muss, sich zwischen all diesen Figuren und ihren amourösen oder nicht amourösen Verwicklungen zurechtzufinden.

Wenn ich japanischen Freunden erzähle, dass ich *Genji* gelesen habe, lachen sie ungläubig, und das ist nicht weiter verwunderlich, da sie selbst Murasakis Japanisch schon lange nicht mehr lesen können, sondern auf Landsleute angewiesen sind, die das Buch aus dem höfischen Japanisch des elften Jahrhunderts übersetzt oder bearbeitet haben. Einer dieser Übersetzer war Jun'ichiro Tanizaki, und auch er hat, nicht anders als später seine ausländischen Kolleginnen und Kollegen, regelmäßig nach der Bedeutung eines Wortes, eines Satzes oder einer Anspielung suchen müssen, weil Wörter und auch Teile von Wörtern oft mehrere Bedeutungen haben und verschiedenerlei suggerieren können. Somit liegt von Anfang an ein geheimnisvoller Schleier über dem Buch, und der wird nicht dünner, wenn man sich im Kioto des zwanzigsten und einundzwanzigsten Jahrhunderts aufhält und versucht, nach Spuren zu suchen: ein anachronistisches Spiel, das man verlieren muss, denn wie Ivan Morris in seinem unschätzbaren Buch *Der leuchtende Prinz* klargestellt hat, ist im heutigen Japan nichts mehr das, was es war, und das stimmt und stimmt glücklicherweise doch nicht ganz.

Ich habe oft genug abends am Ufer des Kamo gesessen oder in aller Frühe durch den Morgennebel hindurch zum heiligen Berg Hiei geschaut und dabei an das Buch denken müssen. Berge und Flüsse bleiben nun mal für gewöhnlich liegen, wo sie lagen, und wenn der Leser in der Dämmerung die Augen ein wenig zukneift, sieht er mitunter, was die Autorin gesehen haben muss. Uji, heutzutage nach einer kurzen Reise mit öffentlichen Verkehrsmitteln zu erreichen, lag damals, wie heute, am

Fluss, doch für die Hauptpersonen aus *Genji* war es dorthin vor allem im Winter und bei Schnee ein häufig abenteuerlicher oder dramatischer Ritt bzw. eine Fahrt durch die Berge, wobei auch Überfälle möglich waren. Das letzte Kapitel des Buches heißt in der niederländischen Übersetzung »De dobberende brug der dromen«, Die schwankende Brücke der Träume. Diese Brücke schwankt heute nicht mehr, doch an ihr steht eine Figur der adligen Schriftstellerin, die, wie es aussieht, gerade an dem Buch arbeitet, dessentwegen der späte Leser diese Reise nach Kioto und Uji unternommen hat. Im nahegelegenen Ishiyama-dera-Tempel sitzt sie als herausgeputzte Puppe hinter Maschendraht, und natürlich möchte man dann denken, sie habe dort zumindest einen Teil des Buches geschrieben. Der begeisterte Leser lässt sich seine Illusionen nun mal nicht gern rauben. Natürlich, damals gab es kein *ikebana*, kein *sashimi*, kein *tempura*, aber es gab *go* und *koto*, und die Gedichte aus den schon damals jahrhundertealten klassischen Anthologien, die ganz selbstverständlich zum geistigen Rüstzeug des Hofadels gehörten – die Verliebten im Buch kannten sie allesamt auswendig und traktierten sich gegenseitig ständig damit –, können wir auch noch lesen, wenn sie für uns in eine moderne Sprache übersetzt oder bearbeitet werden. Menschliche Empfindungen und Eigenschaften, Liebe, Verlangen, Langeweile, Eifersucht sind an sich niemandem fremd.

Es gibt also trotz der tausend Jahre, die zwischen uns und der Welt von Murasaki Shikibu liegen, genug wiederzuerkennen, und das ist, glaube ich, auch der Grund, weshalb uns das Buch so nachhaltig fesselt. In einer Zeit, in der sich bei uns noch kaum epische Dichtung entwickelt hatte, hat jemand die psychologischen Nuancen menschlichen Verhaltens und die Reaktionen auf Naturerscheinungen so beschrieben, dass wir uns später in unserem undenkbaren technologischen Zeitalter immer noch in Empfindungen und Gemütsregungen der Figuren hineinversetzen können. Die wahren Hindernisse bei der Lektüre des ersten Romans der Weltgeschichte sind anderer Art. Natürlich werden wir uns nie mehr in die genauen Rangunterschiede zwischen einem Kammerherrn dritten und fünften Rangs, in die damit verbundenen Gewänder und Farben sowie in das außerordentliche Interesse, das diesen Dingen galt, im einzelnen hineindenken können, genausowenig wie wir den spezifischen Gefühlswert der so überaus detaillierten Beschreibungen des Unterschieds zwischen der Stimmung eines chinesischen beziehungsweise japanischen *koto* wirklich zu erfassen imstande sind. Wir können es uns aber vorstellen, einfach weil Murasaki es so grandios beschrieben hat. Was wir hingegen nicht können, aber doch müssen, ist, an eine Welt zu glauben, in der *Volk* einfach nicht existierte, es war eine aristokratische Reinkultur, die nach allen Seiten hin geschlossen war, ohne Außenwelt, eine klaustrophobische, sich zeremoniell um sich selbst drehende Gesellschaft, deren Mittelpunkt diejenigen waren, die »über den Wolken lebten«, der Kaiser und seine Familie.

Und damit ist man dann bereits beim Kernpunkt dessen angelangt, was die Heian-Periode (794–1185) so unbegreiflich macht. Es ist nicht die Tatsache, dass man einer Frau den Hof macht und dass einem die Jahreszeit und die Empfindung, die dazu gehört, gemischt mit dem Gefühl, das man in diesem Augenblick hat, ein – damals möglicherweise schon mehrere Jahrhunderte altes – klassisches Gedicht in Erinnerung ruft, dass man dieses Gedicht aufsagt oder seiner Angebeteten zukommen lässt und dass sie antwortet oder mit einem anderen Gedicht zurückschreibt, das an jenes anschließt, mit dem man sie gerade bedacht hat. Und nicht nur *dass*, sondern auch *wie* man es sagt, oder insbesondere *wie* man es niederschreibt, auf welchem Papier, mit welcher Tusche, das ist dann die Art und Weise, wie man einander beurteilt, und Teil des unaufhörlichen, manchmal gnadenlosen Spiels, mit dem die Menschen ihre Tage zubrachten und das über ihre Position bei Hofe entschied. Hunderte von Gedichten finden sich in dem Buch, das Arsenal an abrufbarem Wissen muss gigantisch gewesen sein, man musste die klassische Lyrik bis ins letzte kennen, man musste Instrumente spielen, musste sich auskennen im Man'yoshu, der klassischen Gedichtsammlung aus dem achten Jahrhundert, musste auch wissen, welche Kleidung und welches Parfüm in welcher Jahreszeit angebracht war, welche Blume einen Brief begleiten durfte und welche Anspielung darauf dann wieder zu machen erlaubt war, und dennoch gehörte das alles noch nicht zu den erwähnten Hindernissen, die einem das Verständnis dieser seltsamen Welt, die es nur ein einziges Mal gegeben hat, erschweren. Was sich unserem Zugang zu diesem Kosmos in den Weg stellt, ist die Tatsache, *dass* es dies alles nur ein einziges Mal gegeben hat, eine Konstellation, die sich so nie mehr wiederholen sollte und die dann doch mit Politik zu tun hatte, mit einem Machtspiel, das in dem Buch eigentlich nicht oder ausschließlich in verschleierter Form zur Sprache kommt und doch im wesentlichen dafür verantwortlich war, dass diese Welt so existieren konnte, als durfte in der Geschichte nur ein einziges Mal ein knallhartes und gleichzeitig hauchzartes Spiel gespielt werden. Und sei es nur um zu beweisen, dass so etwas, so seltsam und selten es auch war, zu den menschlichen Möglichkeiten gehörte. Zum Glück gab es da eine Schriftstellerin, die es festhielt, und das war das eigentliche Wunder.

Murasaki Shikibu gehörte einem Nebenzweig der mächtigen Familie Fujiwara an. Der Namensteil Shikibu bezog sich auf eine Funktion ihres Vaters, sie war eine Hofdame der Kaiserin, kannte aber auch das mächtige

Oberhaupt des Fujiwara-Clans, Michinaga, mit dem sie möglicherweise eine Beziehung hatte. Sie saß folglich wie eine Spinne mitten im Netz und wusste, welches Ränkespiel da im Gang war. In den vorausgegangenen Jahrhunderten hatten die einzelnen Clans einander ständig bekämpft, während zu Murasakis Lebzeiten eine Art Status quo erreicht worden war, der dem Kaiser lediglich noch geistige und kulturelle Macht beließ. Kaiser waren wie rasch verwelkende Blumen, sie heirateten manchmal fast noch als Kinder und traten in einem Alter zurück, in dem ein niederländischer Kronprinz noch Jahre warten muss. Ihr Wolkendasein war unantastbar, sie waren das Zentrum des Hofes und all dessen, was sich an ihm abspielte. Doch die wirkliche Macht lag zur Zeit von *Genji* bei den Fujiwara; um diese zu behalten, mussten sie mit Hilfe von Heiraten möglichst weit in die kaiserliche Familie vordringen. Darin liegt ein so seltsames Paradox, dass man es gedanklich kaum nachvollziehen kann: Die Legitimierung deiner Macht konnte nur durch denjenigen erfolgen, der seine Position durch deine Manöver und Machenschaften erhalten und gleichzeitig verloren hatte, das heißt durch den in Wirklichkeit machtlosen Kaiser als Sohn einer deiner Töchter oder eines anderen Familienmitglieds, wodurch der Glanz des sakralen Kaisertums auf deine bürgerliche Familie abstrahlte. Das war den Fujiwara genug, mehr war nicht nötig. Es ging darum, sich in der Nähe der Heiligkeit der Wolkenwelt aufzuhalten und dadurch die irdischen Angelegenheiten in der Hand zu behalten, diese Verwobenheit ist das eigentliche und zugleich weitgehend unsichtbare Thema des Romans. Die Genealogie dieser Periode kann man als äußerst kompliziertes U-Bahn-Netz einer sehr großen Stadt zu lesen versuchen, in dem Erste und Zweite und Achte Prinzessinnen und die vier Kaiser samt ihren Gemahlinnen die Bahnhöfe sind. Der Kaiser als Zeremonienmeister und zeremonieller Mittelpunkt sowohl bei buddhistischen als auch bei shintoistischen Ritualen in dieser so durch und durch synkretistischen Gesellschaft, das Hofleben als nicht enden wollendes Theaterstück, darin gefangen die Menschen ohne irgendeine Möglichkeit, zu entkommen, weil es außerhalb dieses ritualisierten luftleeren Raums keine Welt gab. Wer von hier verbannt wurde, war nicht mehr existent. Natürlich gab es ein Leben jenseits des Hofes, doch es war eines, dem niemand ausgeliefert sein wollte. Die höfische Wirklichkeit hingegen war die des Schattenspiels, der Zeremonien, der Musik, der Liebesaffären, Intrigen, des einander Folgens und Beobachtens. Eben diese Realität hat Murasaki Shikibu so unnachahmlich beschrieben und sich hie und da selbst auf eine Weise in die Geschichte eingemischt, die Akademiker später, als hätten sie etwas entdeckt, als Metafiktion bezeichnen sollten.

Der Vergleich mit Proust ist oft herangezogen worden. Wie gerechtfertigt das ist, muss jeder Leser für sich entscheiden, Tatsache bleibt, dass mit einer zeitlichen Distanz von tausend Jahren beide Schriftsteller uns Portraits von Männern und Frauen hinterlassen haben, Swann und der leuchtende Prinz, Albertine und Ukifune, Norpois und Tō no Chūjō, Madame Verdurin und die Dame Rokujō, Charlus und Niou, die uns alle etwas über die *condition humaine* lehren, das sich noch immer nicht verflüchtigt hat. Die Unterschiede – Swann hatte kein Karma aus einem früheren Leben, und Marcel musste nie zu Hause bleiben, weil eine bestimmte Himmelsrichtung an diesem Tag tabu war – sind milde Formen anachronistischer Zauberei. Kaoru konnte niemanden anrufen, und Twittern hätte bei Hofe die Poesie zerstört, doch das war auch bei Proust noch so. Entscheidend ist, dass es nach wie vor möglich ist, nach tausend wie nach hundert Jahren Menschen in Welten zu erleben, die uns fern sind, die aber dank der Genialität derjenigen, die sie beschrieben haben, auch heute noch im Kern erkennbar sind. Die Rätsel, falls man sie als solche bezeichnen will, der so weit zurückliegenden und exotischen Vergangenheit werden in der niederländischen Ausgabe von Jos Vos ausführlich in den zahlreichen Fußnoten im Text erläutert, die nie stören, sondern leichtfüßig über die tausend Jahre hinwegspringen, um dem heutigen Leser etwas zuzuflüstern.

Schließlich ist Neugier die größte Tugend für den wahren Leser.

Ich stand einmal in Kioto, nahe dem kaiserlichen Palast, vor Murasakis angeblichem Grab. An diesem unscheinbaren und wahrscheinlich erfundenen Ort drängt sich einem das Rätsel noch einmal mit großer Kraft ins Bewusstsein. Wer war sie? Sie schrieb wie ihre Kollegin Sei Shonagon auf japanisch, denn Frauen durften nicht chinesisch schreiben, das war den Männern vorbehalten, und vielleicht ist das ein Teil des Geheimnisses, eine von der klassischen Strenge des offiziellen Chinesisch wegschwebende Leichtigkeit, wer vermag das schon zu sagen? Gedruckt wurde nichts, ihre Worte wurden gelesen und vorgelesen, abgeschrieben und wieder abgeschrieben, und ihre Frauenfiguren sollten Jahrhunderte später, im japanischen Mittelalter, zu Hauptfiguren in den Dramen des Nō-Theaters werden und so ein Heimweh stillen, das eine nachfolgende, weit rohere und gefährlichere Zeit nach der aristokratischen Welt von Heian behalten sollte und die im Buch selbst nach wie vor fortbesteht. Und auch heute noch kann der, der das Buch in dieser so anderen Zeit gelesen hat, bei einem Rundgang durch Kioto etwas von alledem wiederfinden.

Vielleicht ist die Anziehungskraft dieser so endgültig vergangenen Zeit nicht für jeden zu spüren. Der Stadtplan von Kioto sieht auch heute noch aus wie das Schachbrettmuster der Heian-Periode, der kaiserliche Palast liegt noch immer im Nordwesten. Die Worte Sanjo und Shijo, die heute zu großen, breiten Straßen gehören, kommen auch schon im *Genji* vor, und so bewegt sich der Leser ständig in einer merkwürdigen Zeitmaschine und wird, wie bei der Tempelwanderung, zwischen dem Jetzt und dem Damals hin und her geschleudert, ein Hexentanz, dem man gewachsen sein muss. Kioto ist eine der eigentümlichsten Städte, die es gibt, Klöster thronen bis heute auf dem Berg Hiei, shintoistische und buddhistische Tempel existieren nebeneinander, traditionelle Restaurants liegen in den dunklen Straßen mit den niedrigen Holzhäusern, in denen bis heute uraltes Handwerk betrieben wird. Für mich war die Stadt in all den Jahren Ausgangspunkt für immer neue Bergwanderungen und Tempelabenteuer, und wenn es mir zuviel wurde, gab es die botanischen Gärten, den kaiserlichen Park, die stillen Spaziergänge entlang dem Wasser am Philosophenweg oder am Kamo-gawa mit seinen vielen Vögeln. Vieles ist mir rätselhaft geblieben, aber ich liebe Rätsel. In all den verschiedenen Hotelzimmern, in denen ich wohnte, habe ich mit Hilfe der *Geschichte vom Prinzen Genji* und den vielen Büchern über Genji und über die japanische Geschichte versucht, etwas von den Rätseln für mich selbst zu entschleiern, um mich dann jeden Tag von neuem der anachronistischen Herausforderung von U-Bahnen und Tempeln, kommerziellen Zugjingles und gesungenen Sutren zu stellen, und dass es auch noch so etwas wie ein Heute gab, konnte ich jeden Tag im Inoda erleben, dem schönsten Café, das ich kenne, wo ruhige Damen und Herren auf hohen Stühlen an einer vollkommen runden Bar starken Kaffee trinken, der von weißgekleideten Herren mitten in den Kreis gestellt wird, Zeitung oder ein Buch lesen und Umblättern das einzige Geräusch ist.

2013

Weitere Bücher von Cees Nooteboom bei Schirmer/Mosel

Karl Blossfeldt und das Auge Allahs
80 Seiten, 26 Abbildungen in Duotone

Saigoku
Auf Japans Pilgerweg der 33 Tempel
Mit Photographien von Simone Sassen
200 Seiten, 159 Abbildungen in Farbe

Tumbas
Gräber von Dichtern und Denkern
Mit Photographien von Simone Sassen
328 Seiten, 115 Abbildungen in Duotone

Über das japanische Kloster Kozan-ji und die Zeichnungen der »Lustigen Tiere«
Mit 16 Farbphotographien von Simone Sassen und der kompletten ersten Bildrolle der Tierzeichnungen
88 Seiten, 34 Abbildungen in Farbe

außerdem

Simone Sassen
Ultima Thule
Eine Reise nach Spitzbergen
Mit einem Essay von Cees Nooteboom
128 Seiten, 101 Farbtafeln